Ευχαριστούμε:

* *Τη Σοφία Ζαραμπούκα για τα χαρούμενα σκίτσα της.*
* *Τη Διώνη α.ε. για συμπαράσταση και συμβουλές σε τεχνικά θέματα.*
* *Τη Στέλλα Παπαγιάννη που χρησιμοποίησε στις τάξεις της το υλικό αυτού του βιβλίου.*
* *Και, τέλος, τους μαθητές μας που μας οδήγησαν στην απλοποίηση των ασκήσεων.*

ΤΕΤΡΑΔΙΟ ΑΣΚΗΣΕΩΝ +1

ΕΛΛΗΝΙΚΑ ΤΩΡΑ 1+1

Μακέτα εξωφύλλου: Εύη Κώτσου

Σκίτσο εξωφύλλου: Σοφία Ζαραμπούκα

Φωτοσύνθεση: διώνη α.ε.

Εκδόσεις Νόστος

Αστική μη κερδοσκοπική εταιρεία για τη διάδοση της νέας ελληνικής γλώσσας και λογοτεχνίας

Πλατεία Μεσσολογγίου 6, Αθήνα 11634 Τηλ: 721-7554, 724-3023, 963-4414 Fax: 721-0563

Distributed by : Nostos, Plateia Messolongiou 6, Athens 11634 Greece Tel: 721-7554 Fax: 721-0563

ISBN 960-7317-04-1

ΔΗΜΗΤΡΑ ΔΗΜΗΤΡΑ
ΜΑΡΙΝΕΤΑ ΠΑΠΑΧΕΙΜΩΝΑ

ΕΛΛΗΝΙΚΑ ΤΩΡΑ 1+1

ΤΕΤΡΑΔΙΟ ΑΣΚΗΣΕΩΝ +1

με σχέδια της Σοφίας Ζαραμπούκα

Νόστος

9 Τι ώρα γύρισες σπίτι σου;

Α. *Κλίνετε:*

Χτες δεν ήμουν καλά και δεν δούλεψα πολύ.

____

____

____

____

____

Β. *Ερωτήσεις* — *Απαντήσεις*

Ερωτήσεις	Απαντήσεις
Τι αγόρασες από το περίπτερο;	***Αγόρασα μία σοκολάτα.***
1. Δούλεψαν πολύ την Τρίτη;	______________
2. Πού σε περίμενε ο Γιάννης;	______________
3. Πώς ήταν ο πατέρας σου χτες το απόγευμα;	______________
4. Πόσες ώρες διαβάσατε;	______________
5. Τι ώρα γύρισες από το μάθημα;	______________
6. Τι ώρα άρχισε το έργο;	______________

Τι μαγείρεψε την Κυριακή η μητέρα σου;	Μαγείρεψε μακαρόνια με σάλτσα.
7. ______________;	Ναι, γύρισα νωρίς.
8. ______________;	Ναι, ψωνίσαμε όλα τα πράγματα.
9. ______________;	Το έργο τελείωσε στις 11:30.
10. ______________;	Ναι, ήμουν μόνος μου.
11. ______________;	Ηταν στο σπίτι τους.
12. ______________;	Χτες μαγείρεψα εγώ.
13. ______________;	Η παράσταση άρχισε στις 9: 00.
14. ______________;	Οχι, δεν τον πλήρωσα ακόμα.
15. ______________;	Αγόρασαν ένα χρυσό δαχτυλίδι.

Γ. *Κλίνετε:*

Θα αρχίσω δουλειά στις εννέα και δεν θα τελειώσω πριν τις δύο.

____

____

____

____

____

Δ. *Ερωτήσεις* | *Απαντήσεις*

Ερωτήσεις	Απαντήσεις
Τι θα αγοράσεις από το περίπτερο;	***Θα αγοράσω ένα περιοδικό.***
1. Τι θα ψωνίσεις για αύριο;	______________
2. Τι θα μαγειρέψεις για το μεσημέρι;	______________
3. Πότε θα γυρίσει ο Αντώνης;	______________
4. Τι ώρα θα αρχίσει η παράσταση;	______________
5. Θα δουλέψουμε και αύριο;	______________
6. Θα τελειώσουμε πριν τις 5;	______________
7. Θα πληρώσετε εσείς;	______________
8. Θα χορέψετε μαζί μου αυτό το ταγκό;	______________
9. Πόσες ώρες θα διαβάσουν σήμερα;	______________

Πού θα μας περιμένουν;	Θα μας περιμένουν στο σπίτι τους.
10. ______________;	Οχι, δεν θα δουλέψουν και το απόγευμα.
11. ______________;	Θα πληρώσει ο αδερφός μου.
12. ______________;	Θα είμαι στην Υδρα.
13. ______________;	Θα ψωνίσουν φρούτα και κρασί.
14. ______________;	Ναι, θα γυρίσουμε νωρίς.
15. ______________;	Θα τελειώσουμε στις 2 το μεσημέρι.

Ε. *Ενεστώτας* *τώρα, σήμερα* | *Αόριστος* *χτες, προχτές* | *Μέλλοντας* *αύριο, μεθαύριο*

Ενεστώτας (τώρα, σήμερα)	*Αόριστος* (χτες, προχτές)	*Μέλλοντας* (αύριο, μεθαύριο)
γυρίζει	***γύρισε***	***θα γυρίσει***
1. ψωνίζει	____________	____________
2. αρχίζετε	____________	____________
3. δουλεύουμε	____________	____________
4. μαγειρεύω	____________	____________
5. πληρώνεις	____________	____________
6. τελειώνουν	____________	____________

Ζ. *Κλίνετε:*

Δεν είχα λεφτά για ταξί και πήρα το λεωφορείο.

____

____

____

____

____

Η.

Ερωτήσεις	*Απαντήσεις*
Πού πήγαν το Σαββατοκύριακο;	***Πήγαν στην Πάρο.***
1. Πότε είδατε την Ελλη και την Αννα;	____________
2. Είπες στον Κώστα για το πάρτυ;	____________
3. Πήρε εισιτήριο για το θέατρο;	____________
4. Κατάλαβαν τον κανόνα για τον Αόριστο;	____________
Πήγαν με τα πόδια στο σπίτι τους;	Οχι, πήραν ταξί.
5. ____________;	Οχι, δεν το είπα.
6. ____________;	Ναι, πήγε μόνος του.
7. ____________;	Γιατί δεν είχαμε καιρό.
8. ____________;	Τα πήραν χτες.

Θ. *Γράφουμε τις προτάσεις στον αρνητικό τύπο.*

Θα τον δω αύριο.

Δεν θα τον δω αύριο.

1. Θα τους περιμένουν απόψε.

____

2. Χτες ήταν στην Αθήνα.

____

3. Θα το πουν στη μητέρα τους.

____

Ι.

	2ο ενικό	*2ο πληθυντικό*
θα πληρώσω	***θα πληρώσεις***	***θα πληρώσετε***
1. θα πάω	________	________
2. θα δω	________	________
3. θα πάρω	________	________
4. θα έχω	________	________
5. θα πω	________	________
6. θα δουλέψω	________	________

Κ.

Ερωτήσεις	*Απαντήσεις*
Θα δουλέψεις το απόγευμα;	***Ναι, θα δουλέψω.***
1. Θα δει τον Μιχάλη απόψε;	________
2. Θα πάνε στην Κύπρο;	________
3. Θα έχετε καιρό αύριο;	________
4. Θα πάρετε ένα ποτό;	________
5. Θα μου πείτε το όνομά σας;	________
Ποιός θα πάρει τα εισιτήρια για το Ηρώδειο;	Εγώ θα τα πάρω.
6. ________;	Θα τον δω την Πέμπτη.
7. ________;	Εγώ θα πάρω το αυτοκίνητο.
8. .________;	Οχι, δεν θα πάνε μόνοι τους.
9. ________;	Οχι, θα πάει στη Βουλγαρία.

Λ. *Συμπληρώστε τις προτάσεις.*

Πάντα γυρίζει ***στο σπίτι του το μεσημέρι.***

1. **Ποτέ** δεν κοιμάται ....

2. **Συνήθως** τον περιμένω ....

3. **Κάθε πρωί** πίνουμε ....

4. **Τώρα** μένουν ....

5. **Προχτές** δούλεψα ....

6. **Χτες** πήγαμε ....

7. **Πριν** δύο μήνες αγόρασε ....

8. **Την περασμένη** Τετάρτη γύρισαν ....

9. **Αύριο** θα μαγειρέψω ....

10. **Μεθαύριο** θα πληρώσει ....

11. **Σήμερα** το βράδυ θα πάνε ....

12. **Απόψε** θα δούμε ....

Μ. *Συμπληρώστε τα κενά με τα ρήματα στο σωστό χρόνο.*

Είδα τον Αντρέα χτες. (βλέπω)

1. Τα παιδιά .... στις 10 κάθε βράδυ. (κοιμάμαι)

2. Χτες .... το λεωφορείο και .... στα Γιάννενα. (παίρνω, πάω)

3. Εμείς πάντα .... ψωμί από αυτόν τον φούρνο γιατί είναι φρέσκο. (ψωνίζω)

4. Πού .... προχτές, Κώστα ; (είμαι)

5. Τους .... την περασμένη Κυριακή. (περιμένω)

6. Ποιό έργο .... απόψε , παιδιά; (βλέπω)

7. .... εσύ αύριο; (μαγειρεύω)

8. .... όλους τους λογαριασμούς μου την άλλη εβδομάδα. (πληρώνω)

9. Ο κύριος Αντρέου .... πάντα στις 7 το πρωί. (σηκώνομαι)

10. Εσύ τι ώρα .... συνήθως από το σπίτι; (φεύγω)

11. Κύριε Αντρέου, τι ώρα .... το πρωί; (σηκώνομαι)

ΠΑΡΑΣΚΕΥΗ
7
ΝΟΕΜΒΡΙΟΥ
1
2
3
4

N. 👁 *σελίδα 10.*

I. *Είναι Παρασκευή βράδυ. Ο Σπύρος παίρνει στο τηλέφωνο τη φίλη του τη Μαρία.*

Μαρία : ....

Σπύρος: Γειά σου, Μαρία .... Σπύρος. Τι κάνεις απόψε;

Μαρία : Δεν ξέρω ακόμα . ... ;

Σπύρος: Τι λες, ... για ένα κρασάκι με τα παιδιά;

Μαρία : .... λέει! Τι ώρα και πού;

Σπύρος: Θα .... περιμένω .... 8:30............... περίπτερο απέναντι .... το ταβερνάκι του Κυρ. Αντώνη.

Μαρία : Εντάξει. Θα είμαι ....

II. *Τελειώστε την ιστορία.*

Στις οκτώ και μισή ο Σπύρος

Ξ. Είδες *<u>τον Κώστα και την Αλίκη;</u>* **Ναι,τους είδα.**

1. Πήρες στο τηλέφωνο <u>τον παππού και τη(ν) γιαγιά</u>; ______________________
2. Θυμάσαι <u>τον Αλέξανδρο</u>; ______________________
3. Ξέρετε <u>τον κύριο και την κυρία Ζούνη</u>; ______________________
4. Πού θα περιμένουμε <u>την καθηγήτριά μας</u>; ______________________
5. Σκέφτονται <u>τη(ν) μητέρα τους και την αδερφή τους</u>; ______________________
6. Πλήρωσες <u>το(ν) μουσακά</u>; ______________________
7. Πλήρωσες <u>την τυρόπιτα</u>; ______________________

προσοχή : *Πλήρωσες το(ν) μουσακά και την τυρόπιτα;*
Πλήρωσες την τυρόπιτα και την σπανακόπιτα; → *Τα πλήρωσα.*
Πλήρωσες το(ν) χάρτη και το μολύβι;

Πλήρωσες την τυρόπιτα και την σπανακόπιτα; **Ναι,τα πλήρωσα.**

8. Τρως τον μπακλάβα και το γαλακτομπούρεκο; ______________________
9. Αγόρασες τις εφημερίδες και τα περιοδικά; ______________________
10. Μαγείρεψες τους κεφτέδες και το παστίτσιο; ______________________
11. Πήρες μαζί σου το τζιν παντελόνι και τη φούστα; ______________________

Πού είναι ο φίλος σου;
- *Νάτος! (εδώ είναι → ονομαστική)*
- *Νάτον! (τον βλέπω → αιτιατική)*

O. *Κλίνετε:*

		ενικός αριθμός	
ονομαστική:	**νάτος**	**νάτη**	**νάτο**
αιτιατική:	**νάτον**	______________	______________
		πληθυντικός αριθμός	
ονομαστική:	______________	______________	______________
αιτιατική:	______________	______________	______________

Π. *Γράφετε τις προτάσεις στον ενικό αριθμό.*

Οι αδερφές τους δεν γύρισαν ακόμη.

Η αδερφή της δεν γύρισε ακόμη.

1. Από πού πήρατε αυτές τις ωραίες κάρτες;

____

2. Αγόρασαν δυο μεγάλους χάρτες.

____

3. Οι σκύλοι είναι έξυπνα ζώα.

____

4. Τα μαθήματα άρχισαν στις 9:00 το πρωί και τελείωσαν στις 4: 00 το απόγευμα.

____

5. Χτες περιμέναμε τρεις παλιούς καλούς μας φίλους.

____

6. Διάβασαν τους κανόνες και τους κατάλαβαν.

____

Ρ. *Ορθογραφία*

Ενεργητική Φωνή 2ο πληθυντικό **- ετε**		*Παθητική Φωνή 3ο ενικό* **-εται**	
I. *(πληρών**ω**, παίρνω, δουλεύ**ω**, γυρίζ**ω**)*		*(έρχ**ομαι**, βρίσκ**ομαι**, σηκών**ομαι**, κάθ**ομαι**)*	
(εσείς) 1. πληρών***ετε***	3. δουλεύ.......	*(αυτός)* 1. έρχ***εται***	3. σηκών.........
2. θα πάρ......	4. θα γυρίσ.......	2. βρίσκ.......	4. κάθ.......

II. ***-ετε;* *ή* *-εται;***

Τι θέλ***ετε*** παρακαλώ;

1. Τι θα ψωνίσ........... από τον μανάβη;
2. Περιμέν.......... εδώ . Θα γυρίσω αμέσως.
3. Πότε έρχ............ από την Κύπρο;
4. Ο Ηλίας σκέφτ......... την μητέρα του και ανησυχεί.
5. Θα πληρώσ........... εσείς ή εγώ;
6. Αυτό το φόρεμα δεν πλέν........... με ζεστό νερό.
7. Μήπως έχ........... μία ασπιρίνη;

10 Με Συγχωρείς ...

Α. *Κλίνετε :*

Αόριστος		*Μέλλοντας*	
έστειλα	***ήξερα***	***θα στείλω***	***θα γράψω***
________	________	________	________
________	________	________	________
________	________	________	________
________	________	________	________
________	________	________	________

Β. *Ερωτήσεις* — *Απαντήσεις*

Εφυγες νωρίς από το σπίτι σου;	***Ναι, έφυγα νωρίς.***
1. Επαιξες κιθάρα χτες;	________
2. Τι ώρα φτάσατε στην Πάτρα;	________
3. Εφαγε όλο το φαγητό του;	________
4. Εφερε τα γράμματα ο ταχυδρόμος;	________
5. Ποιός σε ήθελε στο τηλέφωνο;	________
Εγραψε την άσκηση;	Ναι, έγραψε την άσκηση.
6. ________ ;	Οχι, δεν την έδωσα.
7. ________ ;	Οχι, δεν κάναμε μάθημα χτες.
8. ________ ;	Οχι, δεν ήξεραν ρωσικά.
9. ________ ;	Ναι, μείναμε στην Αθήνα το Σαββατοκύριακο.

Γ.

Πότε θα φύγεις;	***Θα φύγω στις 8 Ιανουρίου.***
1. Θα στείλεις λουλούδια στη φίλη σου;	________
2. Θα παίξει μαζί μας ο αδερφός σου ;	________
3. Τι ώρα θα φτάσουμε στα Γιάννενα;	________
4. Σε ποιόν θα δώσετε αυτά τα χαρτιά;	________

Με ποιόν θα μείνουν;	Θα μείνουν με τη φίλη τους.
5. ______________________;	Θα στείλω λουλούδια.
6. ______________________;	Δεν θα φέρουν τίποτα.
7. ______________________;	Θα παίξουμε τάβλι.

Δ. *Κλίνετε :*

	Ενεστώτας	*Αόριστος*	*Μέλλοντας*
1.	***πίνω***	***ήπια***	***θα πιω***
	______	______	______
	______	______	______
	______	______	______
	______	______	______
	______	______	______
2.	***γίνομαι***	***έγινα***	***θα γίνω***
	______	______	______
	______	______	______
	______	______	______
	______	______	______
	______	______	______

Ε. *Ερωτήσεις*

Ερωτήσεις	*Απαντήσεις*
Τι θα γίνεις Θωμά;	***Θα γίνω αρχαιολόγος.***
1. Πού κάθεστε ; Εδώ κοντά;	______
2. Εγιναν οι πατάτες;	______
3. Θα έρθετε μαζί μας στο θέατρο;	______
4. Πού έβαλες τα κλειδιά μου;	______
5. Πω, πω ! Εμαθες τα νέα;	______
6. Τι θα πιείτε;	______
7. Ηπιαν όλο το γάλα τους;	______
8. Βάζετε ξύδι στη σαλάτα σας;	______

ΚΥΡΙΑΚΗ ΠΡΩΪ ΣΤΟΝ ΚΗΠΟ

Ζ. *σελίδα 16.* *Ο Δημητράκης και ο μπαμπάς του πάνε στον κήπο.*

1. *Τι διαβάζει ο μπαμπάς;*

2. *Τι κάνει ο Δημητράκης;*

3. *Η κυρία Αντωνία κι η κυρία Αλεξάνδρα μιλάνε. Τι λένε;*

4. *Ο Κώστας κι η Αλίκη κάθονται στο παγκάκι . Τι λένε;*

5. *Τι ζώα βλέπετε; Τι κάνουν;*

6. *Τι άλλο βλέπετε;*

* *Η γάτα νιαουρίζει (νιάου - νιάου)*
* *Ο σκύλος γαυγίζει (γαβ γαβ)*
* *Το πουλάκι κελαϊδάει (τσίου-τσίου)*
* *Ο κόκορας κάνει κίκι ρίκου*
* *Η πάπια κάνει πα - πα*

Υποκείμενο	*Ρήμα*	*Αμεσο Αντικείμενο*
(*εγώ*)	Περιμένω **τον Κώστα.** (*Ποιόν;*)	

Τον περιμένω.

Υποκείμενο	*Ρήμα*	*Εμμεσο Αντικείμενο*
(*εγώ*)	Μιλάω **στον Κώστα**. (*Σε ποιόν;*)	

Του μιλάω

Υποκείμενο (*Ποιός;*)	*Αμεσο αντικείμενο* (*Ποιόν; Τι;*) *αδύνατος τύπος*	*δυνατός τύπος*	*Εμμεσο αντικείμενο* (*Σε ποιόν; Για ποιόν;*) *αδύνατος τύπος*	*(δυνατός τύπος*
εγώ	με	εμένα	μου	σ' εμένα / σε μένα
εσύ	σε	εσένα	σου	σ' εσένα *κ. λπ.)*
αυτός	τον	αυτόν	του	
αυτή	την	αυτήν	της	
αυτό	το	αυτό	του	
εμείς	μας	εμάς	μας	
εσείς	σας	εσάς	σας	
αυτοί	τους	αυτούς	τους	
αυτές	τις	αυτές	τους	
αυτά	τα	αυτά	τους	

Η. ***Αμεσο αντικείμενο***

Περιμένω τον Κώστα . (Ποιόν;)

Τον περιμένω.

1. Βλέπω την Αννα κάθε Τρίτη.

____

2. Δεν ήξεραν το(ν) Μήτσο.

____

3. Θα περιμένουν τις φίλες τους.

____

4. Ρωτάει τη μητέρα του και τη γιαγιά του.

____

5. Θα πάρουμε στο τηλέφωνο το θείο και τη θεία.

____

6. Αγαπάς όλους τους φίλους σου;

____

7. Ξέρεις όλες τις φίλες του;

____

Εμμεσο αντικείμενο

Μιλάω στον Κώστα . (Σε ποιόν;)

Του μιλάω.

8. Τηλεφωνούν στην Αννα κάθε Τρίτη.

____

9. Δεν αγόρασαν τίποτα για το(ν) Μήτσο.

____

10. Μιλάνε στις φίλες τους.

____

11. Απαντάει στη μητέρα του και στη γιαγιά του.

____

12. Τηλεφωνούμε στο θείο και στη θεία.

____

13. Θα πεις στους φίλους σου για το πάρτυ;

____

14. Εγραψες στις φίλες σου;

____

Θ. *Ερωτήσεις* *Απαντήσεις*

Ερωτήσεις	*Απαντήσεις*
Εφερες τα πράγματα ;	***Ναι, τα έφερα.***
1. Μάθατε τα νέα;	______________
2. Εγραψες στις φίλες σου;	______________
3. Τι είπες στον Αρη και στο Σπύρο;	______________
4. Θα περιμένεις την Αννα και τη Μαρία;	______________
5. ______________ ;	Ναι, τους είδα στο ζαχαροπλαστείο.
6. ______________ ;	Ναι, τους τηλεφωνούν κάθε μέρα.
7. ______________ ;	Οχι, δεν τις έφαγα εγώ.
8. ______________ ;	Ναι, θα της γράψω.
9. ______________ ;	Ναι, τους γράφω κάθε εβδομάδα γιατί τις αγαπάω πολύ.

Ι. **Αμεσο αντικείμενο**

I. *Αδύνατος τύπος*	*Δυνατός (εμφατικός) τύπος : εμένα, εσένα, αυτόν, κ.λπ.*	
Σας φοβούνται.	***Φοβούνται εσάς.***	***Εσάς φοβούνται.***
1. Μας θυμούνται.	______________	______________
2. Σε ρωτάω.	______________	______________
3. Με περιμένει .	______________	______________

II. *Απαντούμε μονολεκτικά.*

Ποιούς περιμένουν;	***- Εμάς .***	(εμείς)
1. Ποιόν φοβούνται;	-______________	(εσύ)
2. Ποιόν ρωτάνε;	-______________	(αυτοί)
3. Ποιόν σκέφτονται;	-______________	(εμείς)
4. Ποιόν ακούνε;	-______________	(εσείς)

Κ. **Εμμεσο αντικείμενο**

Αδύνατος τύπος	*Εμφαση: σε (ε)μένα, σε (ε)σένα κ.λπ.*
I. **Σου** έδωσαν τα λεφτά.	***Εδωσαν τα λεφτά σε σένα.***
1. Του έστειλαν τα βιβλία.	______________

2. Θα σας γράψει αύριο. ______________________

3. Γιατί δεν μας είπες τίποτα; ______________________

4. Μας τηλεφωνούν πάντα. ______________________

II. -Σε ποιόν έδωσαν τα λεφτά; ***-Σε σένα.*** (εσύ)

1. Σε ποιόν έφεραν τα βιβλία; -______________ (εμείς)

2. Σε ποιόν τηλεφώνησαν χτες; -______________ (εγώ)

3. Σε ποιούς έγραψε η Αννα; -______________ (εσείς, εμείς)

Λ. ***Εμάς*** μας περιμένουν στην πλατεία. *(Περισσότερη έμφαση)*

1. .... δεν τους θυμάμαι καθόλου.
2. .... δεν το είπα εγώ.
3. .... σας αγαπάνε πολύ. Το ξέρω.
4. .... τις είδα και τις δύο στο θέατρο. Είμαι βέβαιος.
5. .... τα έφερα εγώ. Το θυμάμαι καλά.
6. .... σας έγραψαν τίποτα;

Μ. *Συμπληρώστε τα κενά με τις προθέσεις από, για, χωρίς, με, σε κ.λπ.*

Εφυγαν ***χωρίς*** εμένα.

1. Αυτά τα λουλούδια είναι .... μένα .... σένα.
2. Τους περιμέναμε δύο ώρες και έπειτα φύγαμε .... αυτούς.
3. Τις είδαμε χτες. Ηρθαν μετά .... μας στο θέατρο.
4. Την πρώτη εβδομάδα έμειναν .... μας. Επειτα πήγαν σε ένα ξενοδοχείο.

Ν. *Κλίνετε:*

ενικός αριθμός

ονομαστική:	***ο πιο καλός μαθητής***	***η ωραιότερη μέρα***
αιτιατική:	***τον πιο καλό μαθητή***	______________

πληθυντικός αριθμός

ονομαστική:	______________	______________
αιτιατική:	______________	______________

Ξ. *Συμπληρώστε τα κενά με συγκριτικό βαθμό. (Συγκρίνουμε ένα με ένα άλλο.)*

Α, μα το δωμάτιό σου, είναι πολύ ***μεγαλύτερο / πιο μεγάλο*** από το δωμάτιό μου. (μεγάλος)

1. Η μητέρα μου είναι ..../... από τη γιαγιά μου. (ψηλός)
2. Ευτυχώς, σήμερα κάνει ..../... ζέστη από χτες. (λίγος)
3. Η χώρα μας είναι ..../... από την Ισπανία. (μικρός)
4. Σήμερα βλέπω ..../... κόσμο στην πλατεία. (πολύς)

Ο. *Συμπληρώστε τα κενά με υπερθετικό βαθμό. (Συγκρίνουμε ένα με πολλά.)*

Το δωμάτιό της είναι ***το μεγαλύτερο/το πιο μεγάλο*** από όλα. (μεγάλος)

1. Η θεία μου είναι ..../... γυναίκα στον κόσμο. (έξυπνος)
2. Εχει ..../... παππού σε όλον τον κόσμο. (καλός)
3. Αυτή είναι ..../... ταινία που είδα ποτέ μου! (άσκημος)
5. Ξέρεις τι γιο έχω εγώ; Είναι ..../...και (καλός, .../... παληκάρι στη γειτονιά. όμορφος)

Π. *Κλίνετε:*

		ενικός αριθμός	
ονομαστική:	***κανένας (κανείς)***	***καμία***	***κανένα***
αιτιατική:	***κανέναν***	__________	__________

		ενικός αριθμός	
ονομαστική:	***κάποιος***	***κάποια***	***κάποιο***
αιτιατική:	***κάποιον***	__________	__________
		πληθυντικός αριθμός	
ονομαστική:	__________	__________	__________
αιτιατική:	__________	__________	__________

Ρ. ***Ερώτηση***	***Αρνηση***	***Κατάφαση***
	κανένας (κανείς) - καμία-κανένα	*κάποιος-κάποια-κάποιο*
Ηρθε κανένας χτες;	***Οχι, δεν ήρθε κανένας.***	***Ναι, ήρθε κάποιος.***
1. Ξέρετε κανέναν γιατρό στη γειτονιά ;	__________	__________

2. Μήπως περιμένεις καμιά φίλη σου;	______________	______________
3. Μήπως υπάρχει κανένα πρόβλημα με το εισιτήριο;	______________	______________

	τίποτα	*κάτι*
Θυμάσαι τίποτα;	***Οχι, δεν θυμάμαι τίποτα.***	***Ναι, θυμάμαι κάτι.***
4. Εφαγες τίποτα το πρωί;	______________	______________
5. Κατάλαβαν τίποτα;	______________	______________
6. Σου είπε τίποτα;	______________	______________

	καθόλου	*λίγο, πολύ, αρκετά*
Εφαγαν καθόλου;	***Οχι, δεν έφαγαν καθόλου.***	***Ναι, έφαγαν αρκετά .***
7. Διάβασαν καθόλου;	______________	______________
8. Δεν ήπιες καθόλου κρασί;	______________	______________
9. Χορέψατε καθόλου;	______________	______________

ποτέ — *πάντα, κάπου-κάπου, συχνά κ.λπ.* / *κάποτε, μιά φορά, δύο φορές κ.λπ.*

Πας ποτέ μόνος στο θέατρο;	***Οχι,δεν πάω ποτέ.***	***Ναι, πάω κάπου κάπου.***
10. Τρώτε ποτέ μπέικον το πρωί;	______________	______________
11. Εσάς σας τηλεφωνούν ποτέ;	______________	______________
12. Πλένεσαι ποτέ με κρύο νερό;	______________	______________
13. Πήγατε ποτέ στη Ζυρίχη;	______________	______________
14. Χόρεψες ποτέ (σου) ρούμπα;	______________	______________
15. Εφαγες ποτέ (σου) μαγειρίτσα;	______________	______________

Σ. I. *Συμπληρώστε τον διάλογο. (Ενα τηλεφώνημα.)*

Αλίκη: Ναι;

Ελένη: Γειά σου, Αλίκη.

Αλίκη: Ποιός είναι;

Ελένη: Τι ποιός είναι; Η Ελένη.

Αλίκη: Αχ! Κάτι έχει το τηλέφωνο. Δεν σ' ακούω καλά. Τι έγινε χτες το βράδυ;

Ελένη: Χτες δεν έγινε τίποτα. Σήμερα το πρωί όμως, με περίμενε η μητέρα μου στην κουζίνα και άρχισε πάλι τα ίδια.

Αλίκη: Τι σου είπε πάλι βρε Ελένη;

Ελένη: ____

____

____

____

____

Αλίκη: Αγόρι; κορίτσι; Ακόμα αυτά λέει; Και συ τι της είπες;

Ελένη: ____

____

____

Αλίκη: Δεν καταλαβαίνω πώς κάθεσαι και την ακούς.

Ελένη: Ελα, καλά τώρα. Τα λέει, θυμώνει και μετά τα ξεχνάει. Θα κάνουμε τίποτα απόψε; Θα πάμε πουθενά;

II. *Γράψτε έναν διάλογο με τη μητέρα σας.*

____

____

____

____

____

____

____

____

____

9, 10 Επανάληψη

A. *Ενεστώτας* | *Αόριστος* | *Μέλλοντας*

Ενεστώτας	Αόριστος	Μέλλοντας
γυρίζουν	***γύρισαν***	***θα γυρίσουν***
1. ______	είδατε	______
2. ______	______	θα έχουμε
3. πηγαίνει	______	______
4. ______	______	θα δώσεις
5. ______	έκλεισαν	______
6. φέρνουμε	______	______
7. ______	______	θα φάνε
8. ______	______	θα πούμε
9. ______	πήρα	______
10. βάζουν	______	______
11. ______	______	θα πιείτε

B. *Συμπληρώστε τα κενά με τη σωστή λέξη.*

(το λεωφορείο, κάρτες, ✔μπάλα, το πλοίο, το παλτό, τα ρέστα, παστίτσιο, το γκαρσόνι, τα φάρμακα, ελληνικά)

Τα παιδιά έπαιξαν ***μπάλα.***

1. Εστειλαν .... στους φίλους τους.
2. Χτες το βράδυ φάγαμε ....
3. Τι ώρα έφυγε .... ;
4. Γιατί δεν βγάζεις .... σου. Κάνει πολλή ζέστη.
5. Τι ώρα έφτασε .... ;
6. Σου έδωσε .... ;
7. Παιδιά, τι θα πιούμε; .... περιμένει.
8. Εφερες .... για τη γιαγιά που είναι άρρωστη;
9. Αχ, μπράβο ! Βλέπω έμαθες καλά ....

Γ. *Κλίνετε:*

Ενεστώτας	*Αόριστος*	*Μέλλοντας*
έρχομαι	***ήρθα***	***θα έρθω***
________________	________________	________________
________________	________________	________________
________________	________________	________________
________________	________________	________________
________________	________________	________________

Δ. *Γράψτε στο 2ο πρόσωπο του ενικού και πληθυντικού αριθμού τα ρήματα* ***λέω, βλέπω, κάνω, θέλω, ξέρω, έρχομαι, πίνω***

	Ενεστώτας	*Αόριστος*	*Μέλλοντας*
	λες / λέτε	***είπες / είπατε***	***θα πεις / θα πείτε***
1.	________________	________________	________________
2	________________	________________	________________
3.	________________	________________	________________
4.	________________	________________	________________
5.	________________	________________	________________
6.	________________	________________	________________

Ε. *Αλλάξτε με τον ίδιο τρόπο τις προτάσεις.*

Πού μένει η φίλη σας;	***Πού κάθεται η φίλη σας;***
1. Θα μείνουν για φαγητό.	________________
2. Πόσον καιρό έμεινες στο χωριό;	________________
Τι κάνεις, βρε παιδί μου;	***Τι γίνεσαι, βρε παιδί μου;***
3. Τι κάνει ο αδερφός σου;	________________
4.Τι κάνουν οι γονείς σας;	________________
Είναι έτοιμη η σπανακόπιτα;	***Εγινε η σπανακόπιτα;***
5. Είναι έτοιμος ο μουσακάς;	________________
6. Είναι έτοιμες οι πατάτες;	________________

Ζ. *Γράψτε τις προτάσεις στους χρόνους που λείπουν.*

Ενεστώτας: ***Ερχεται σήμερα.***

Αόριστος: Ηρθε σήμερα.

Μέλλοντας: ***Θα έρθει σήμερα.***

1. *Ενεστώτας:* ______________________

   Αόριστος: ______________________

   Μέλλοντας: Θα πιείτε άσπρο ή κόκκινο κρασί;

2. *Ενεστώτας:* ______________________

   Αόριστος: Εμαθαν ελληνικά.

   Μέλλοντας: ______________________

3. *Ενεστώτας:* Βάζει μια ζακέτα γιατί κάνει κρύο.

   Αόριστος: ______________________

   Μέλλοντας: ______________________

Η. *Συμπληρώστε τα κενά με τις προθέσεις από, για, χωρίς, με, σε κ.λπ.*

Αυτό δεν εξαρτάται μόνο ***από*** μένα αλλά και από τη μητέρα σου.

1. Δεν περιμένω τίποτα .... σένα. Θα τα κάνω όλα μόνη μου.
2. Αυτό το τραγούδι είναι .... όλους εσάς που είστε μακριά από την πατρίδα σας.
3. Δεν κάνει λεπτό .... αυτήν. Είναι πολύ ερωτευμένος μαζί της.
4. Θα πάμε .... την κ. Παπά γιατί έχει πιο μεγάλο αυτοκίνητο.
5. Συγνώμη .... μένα μιλάτε; Δεν το κατάλαβα.

Θ. *Τελειώστε τις προτάσεις με αντωνυμίες.*

Τα έφεραν σε ***μας.***

1. Μιλάνε πολύ για ....
2. Τα έστειλαν σε ....
3. Ηρθε μαζί με ....
4. Αυτή η τούρτα είναι για .... ;
5. Θα πάτε χωρίς ....;
6. Η αδερφή μου είναι μικρότερη από ....
7. Εξαρτάται από ....

Ι. Ξέρω <u>τον Κώστα</u> καλά.

Τον ξέρω καλά τον Κώστα. / Τον Κώστα ***τον*** ξέρω καλά.

Δύο αντικείμενα για έμφαση

1. Δεν θυμάμαι την αδερφή του καθόλου.

   Την αδερφή του δεν .... θυμάμαι καθόλου. / Δεν .... θυμάμαι καθόλου την αδερφή του.

2. Ποιός θα πάρει αυτό το λαχείο;

   Αυτό το λαχείο ποιός θα .... πάρει; / Ποιός θα .... πάρει αυτό το λαχείο;

3. Θα κεράσω εγώ τους καφέδες.

   Τους καφέδες θα .... κεράσω εγώ. / Θα .... κεράσω εγώ τους καφέδες.

4. Εσύ θα αγοράσεις τις μπύρες;

   Τις μπύρες θα .... αγοράσεις εσύ; / Εσύ θα .... αγοράσεις τις μπύρες;

Κ.

Αρνηση	*Κατάφαση*
κανένας, ✔κανέναν, ποτέ, καθόλου, τίποτα, πουθενά , καμία	*ένας, κάπου, λίγο, ✔κάποιον, μία, κάπου-κάπου κάτι*
Δεν είδαμε ***κανέναν.***	Είδαμε ***κάποιον.***
1. Δεν θέλω	______________________
2. Χτες δεν πήγαμε	______________________
3. Δεν κοιμούνται .... μετά τις 12.	______________________
4. Δεν ήπιαμε .... ούζο χτες.	______________________
5. Δεν υπάρχει .... γιατρός εδώ κοντά.	______________________
6. Δεν έχουν .... ερώτηση.	______________________

Λ. *Συμπληρώστε με τη σωστή λέξη.*

Δεν με καταλαβαίνει ***ποτέ.***

1. Δεν έφαγε ....
2. Δεν έρχονται .... πριν τις 8.
3. Σας πήρε ....στο τηλέφωνο αλλά δεν θυμάμαι ποιός.
4. Ψώνισε .... από το ζαχαροπλαστείο αλλά δεν μου είπε τι.
5. Είδα τα γυαλιά σου .... μέσα στην κρεβατοκάμαρα, αλλά δεν θυμάμαι πού ακριβώς.
6. .... μέρα θα καταλάβεις το λάθος σου, αλλά δεν ξέρω πότε.

Μ. *Συμπληρώστε τον πίνακα.*

Θετικός αριθμός	*Συγκριτικός αριθμός*		*Υπερθετικός αριθμός*	
ωραίος	***πιο ωραίος***	/ ***ωραιότερος***	***ο πιο ωραίος***	/ ***ο ωραιότερος***
1. έξυπνη	______________	/________________	______________	/________________
2. άσκημο	______________	/________________	______________	/________________
3. καλές	______________	/________________	______________	/________________
4. ακριβοί	______________	/________________	______________	/________________
5. ψηλά	______________	/________________	______________	/________________

Ν. *Συμπληρώστε τα κενά με συγκριτικό ή υπερθετικό βαθμό.*

Ηταν ***η ωραιότερη / η πιο ωραία*** μέρα της ζωής μου. (ωραίος)

1. Είμαι .... από σένα γιατί τρώω .... γλυκά. (λεπτός, λίγος)

2. Το ξέρω πως έχουν ....δουλειά από μένα αλλά βγάζουν και .... χρήματα. (πολύς, (πολύς)

3. Λέει πως θα αγοράσει .... και... αυτοκίνητο. (ακριβός, γρήγορος)

4. Θα πάρω αυτό το ποτήρι. Είναι .... από το άλλο. (καθαρός)

Ξ. *Διαλέξτε τη σωστή λέξη.*

Η Αννα ***πήγε*** μόνη της στον κινηματογράφο.

α. είμαστε (β.) πήγε γ. έδωσε

1. Ο Νίκος έγινε ....

   α. γιατρός β. έτοιμος γ. στη γωνία

2. Ζεσταίνονται και έβγαλαν ....

   α. την ομπρέλα τους β. το βιβλίο τους γ. το παλτό τους

3. Ενα λεπτό. Θα βάλω αυτά τα λουλούδια ....

   α. στην Ελλη β. στο βάζο γ. από το περίπτερο

4. Η Ζωή κάθισε για ....

   α. φαγητό β. Κυριακή γ. την Αθήνα

5. Πήγε στην τράπεζα γιατί δεν είχε ....

   α. λεφτά β. λεπτά γ. λεπτό

Ο. *Κλίνετε:*

	ενικός αριθμός		
ονομαστική:	***άλλος***	***άλλη***	***άλλο***
αιτιατική:	***άλλον***	________	________
	πληθυντικός αριθμός		
ονομαστική:	________	________	________
αιτιατική:	________	________	________

Π. *Ορθογραφία* *όλος - όλη - όλο* / *άλλος - άλλη - άλλο*

όλος ο κόσμος

1. .... το πρωί
2. .... την ώρα
3. .... τους φίλους
4. .... τις μέρες
5. .... τον καιρό

άλλη ζάχαρη

6. .... φορά
7. κι .... πατάτες
8. κι .... αλάτι
9. .... βιβλία
10. .... γιατρούς

Ρ. *Συμπληρώστε με τις αντωνυμίες όλος ή άλλος.*

Μήπως θέλεις κι ***άλλες*** πατάτες; Βλέπω έφαγες ***όλο*** το φαγητό.

1. Μήπως θέλετε κι .... ζάχαρη στο τσάι σας;
2. Δεν ήρθαν .... οι υπάλληλοι σήμερα γιατί τα λεωφορεία είχαν απεργία.
3. Θα σε δω μια .... φορά.
4. Εβαλε .... ρούχα πιο ζεστά γιατί έξω έκανε πολύ κρύο.
5. Δεν έφαγε ....τους κεφτέδες γιατί δεν είχε όρεξη.

Σ. *σελίδα 10. Γράψτε την ιστορία στον Αόριστο.*

Την Παρασκευή ο Σπύρος δεν έμεινε σπίτι

____

____

____

____

____

____

11 Τι κάνουμε απόψε;

Α. ♂ Αρσενικά

Ι. *Κλίνετε:*

	ενικός αριθμός		
ονομαστική:	***ο μήνας***	***ο χάρτης***	***ο φίλος***
αιτιατική:	________	________	________
γενική:	________	________	________
	πληθυντικός αριθμός		
ονομαστική:	________	________	________
αιτιατική:	________	________	________
γενική:	________	________	________

	ενικός αριθμός		
ο	-ας,	-ης,	-ος
το(ν)	-α,	-η,	-ο
του	**-α,**	**-η,**	**-ου**
	πληθυντικός αριθμός		
οι	-ες,	-ες,	-οι
τους	-ες,	-ες,	-ους
των	**-ων,**	**-ών,**	**-ων**

ΙΙ. ο άντρας ***του άντρα*** ***των αντρών***

1. ο αριθμός ________ ________
2. ο μαθητής ________ ________
3. ο χειμώνας ________ ________

Β. ♀ Θηλυκά

Ι. *Κλίνετε:*

	ενικός αριθμός	
ονομαστική:	***η γυναίκα***	***η αδερφή***
αιτιατική:	________	________
γενική:	________	________
	πληθυντικός αριθμός	
ονομαστική:	________	________
αιτιατική:	________	________
γενική:	________	________

	ενικός αριθμός	
η	-α,	-η
τη(ν)	-α,	-η
της	**-ας,**	**-ης**
	πληθυντικός αριθμός	
οι	-ες,	-ες
τις	-ες,	-ες
των	**-ων,**	**-ών**

II. η αδερφή ***της αδερφής*** ***των αδερφών***

1. η χώρα ________ ________
2. η δραχμή ________ ________
3. η ώρα ________ ________

Γ. *Ουδέτερα*

I. *Κλίνετε:*

	ενικός αριθμός		
ονομαστική:	***το βιβλίο***	***το σπίτι***	***το δέμα***
αιτιατική:	________	________	________
γενική:	________	________	________
	πληθυντικός αριθμός		
ονομαστική:	________	________	________
αιτιατική:	________	________	________
γενική:	________	________	________

	ενικός αριθμός		
το	-ο,	-ι,	-μα
το	-ο,	-ι,	-μα
του	**-ου,**	**-ιού,**	**-ματος**
	πληθυντικός αριθμός		
τα	-α,	-ια,	-ματα
τα	-α,	-ια,	-ματα
των	**-ων,**	**-ιών,**	**-μάτων**

II. το τραγούδι ***του τραγουδιού*** ***των τραγουδιών***

1. το τραπέζι ________ ________
2. το ρήμα ________ ________
3. το δώρο ________ ________

Δ. *Κλίνετε:*

ενικός αριθμός

ο	**άν**θρωπος	***ο γείτονας***	***το πρόσωπο***
τον	**άν**θρωπο	________	________
του	αν**θρώπου**	________	________

____ ____́ **ου**

πληθυντικός αριθμός

οι	**άν**θρωποι	________	________
τους	αν**θρώπους**	________	________
των	αν**θρώπων**	________	________

____ ____́ **ους**

____ ____́ **ων**

II.

ο πρόεδρος	***του προέδρου***	***των προέδρων***
1. ο κάτοικος	______________________	______________________
2. το δωμάτιο	______________________	______________________
3. ο υπάλληλος	______________________	______________________
4. το όνομα	______________________	______________________
5. ο Ελληνας	______________________	______________________

Ε. *Συμπληρώστε τα κενά με γενική, μαζί με το άρθρο.*

Ο Οδυσσέας είναι ο εγγονός ***της καλύτερης φίλης*** μου.	(καλύτερη φίλη)
1. Ποιό είναι το όνομα .... σου;	(καθηγητής)
2. Πότε είναι τα γενέθλια .... του;	(ξαδέρφη)
3. Αυτό είναι το γραφείο .... και	(κύριος,
.... Νικολάου.	κυρία)
4. Αύριο είναι η γιορτή .... και	(Πέτρος,Παύλος)
5. Ο πρόεδρος .... έφυγε με το πρώτο λεωφορείο.	(χωριό)
6. Σήμερα είναι η χειρότερη μέρα .... μου.	(ζωή)
7. Πού είναι οι βαλίτσες .... και .... μας;	(θείος, θεία)
8. Το χρώμα .... της είναι πράσινο και	(μάτια,
το χρώμα .... της είναι μαύρο.	μαλλιά)
9. Κι από δω* ο άντρας .... μου.	(αδερφή)

Ζ. *Συμπληρώστε τα κενά με κλητική.*

Ελα, Μαρία, ***φεύγουμε.***	(η Μαρία)
1. Πού είσαι, ... ;	(ο Νίκος)
2. Πού έβαλες τα κλειδιά μου, ... ;	(ο Θόδωρος)
3. ...., ανεβαίνω εγώ ή κατεβαίνεις εσύ;	(η Ειρήνη)
4. Γειά σου .... Τι γίνεσαι;	(ο Μανώλης)
5. Ε, ..., πού πας;	(ο Κώστας)

* *εδώ*

Η. *Κλίνετε:*

Προσπαθώ να μάθω Ελληνικά.

Μπορεί να φύγω σε λίγο.

Θ. *Απαντήστε με Υποτακτική.*

Πότε μπορούν να φύγουν ; ***Μπορούν να φύγουν σε μια ώρα.***

1. Τι ώρα θέλεις να έρθεις στο σπίτι μου; ______
2. Πόση ώρα πρέπει να δουλέψετε ακόμα; ______
3. Πού λέτε να πάτε το Σαββατοκύριακο; ______
4. Πόσες σελίδες έχουμε να διαβάσουμε για αύριο; ______
5. Παιδιά, τι θέλετε να φάτε απόψε; ______

Ι. *Συμπληρώστε με τα ρήματα* ***μπορώ, προσπαθώ, θέλω, πρέπει, λέω, μπορεί, έχω .***

Θέλετε να σας βάλω κι άλλες πατάτες;

1. .... να μείνουμε στο σπίτι απόψε. Κάνει πολύ κρύο έξω.
2. .... να σε καταλάβω, αλλά δεν μπορώ.
3. .... να αφήσω τις βαλίτσες μου στο σπίτι σας μέχρι την άλλη Κυριακή;
4. .... να κάνω του κόσμου τις δουλειές αύριο.
5. .... να την δει οπωσδήποτε ένας γιατρός. Εχει πολύ πυρετό.
6. .... να πάνε στην Πάρο φέτος το καλοκαίρι.

Κ. *Γράψτε τον αρνητικό τύπο.*

Να τα βάλεις εκεί.. ***Να μην τα βάλεις εκεί.***

1. Να φύγουν αμέσως. ______
2. Να τους τηλεφωνήσω εγώ; ______
3. Λέμε να μείνουμε εδώ απόψε. ______
4. Λένε να ταξιδέψουν με τραίνο. ______

1
2
3
4

Λ. 👁 σελίδα 34. *Χρόνια πολλά Γιάννη !*

Πώς γιόρτασε τα γενέθλιά του ο Γιάννης;

Το τραγούδι που λέμε στα γενέθλια:

Να ζήσεις Γιαννάκη και χρόνια πολλά

μεγάλος να γίνεις με άσπρα μαλλιά.

Παντού να σκορπίζεις της γνώσης το φως

και όλοι να λένε να ένας σοφός!

---

* *γιορτάζω - γιόρτασα*

* *διασκεδάζω - διασκέδασα*

* *εύχομαι - ευχήθηκα*

ανάβω - άναψα / *σβήνω - έσβησα* > *τα κεράκια*

M. *Αντικαταστήστε τα αντικείμενα με αντωνυμίες.*

Λέω να μην πούμε τίποτα ***στον Κώστα και στη Μαρία.***

Λέω να μην ***τους*** πούμε τίποτα.

1. Προσπαθώ να πάρω στο τηλέφωνο ***τη Μαρία και την Ελένη*** και αυτές μιλάνε.

____

2. Λέω να μην βάλω ***το μαύρο φόρεμα***. γιατί είναι πολύ στενό.

____

3. Πρέπει να γράψεις οπωσδήποτε ***στις θείες σου***. Ανησυχούν.

____

4. Μπορώ να αφήσω ***το μηχανάκι μου*** εδώ για μισή ώρα;

____

5. Δεν θέλω να φάω ***τις πατάτες***. Δεν πεινάω πολύ.

____

N. *Κλίνετε*

Β συζυγία

Β1 ← → **Β2**

	Β1		Β2	
Ενεστώτας	μιλάω - **μιλώ**	***πονάω - πονώ***	οδηγώ	***μπορώ***
	μιλάς	________	οδηγείς	________
	μιλάει - **μιλά**	________	οδηγεί	________
	μιλάμε - **μιλούμε**	________	οδηγούμε	________
	μιλάτε	________	οδηγείτε	________
	μιλάν(ε) - **μιλούν(ε)**	________	οδηγούν	________

Αόριστος		*Μέλλοντας*	*Υποτακτική*
μίλησα	***πείνασα***	***θα μιλήσω***	***να πεινάσω***
μίλησες	________	________	________
________	________	________	________
________	________	________	________
________	________	________	________
________	________	________	________

Ξ. *Συμπληρώστε τους υπόλοιπους χρόνους.*

Ενεστώτας	*Αόριστος*	*Μέλλοντας*	*Υποτακτική*
ζητάω	***ζήτησα***	***θα ζητήσω***	***να ζητήσω***
1. βοηθάω	________	________	________
2. συναντάω	________	________	________
3. προσπαθώ	________	________	________
4. συμφωνώ	________	________	________
πεινάω	***πείνασα***	***θα πεινάσω***	***να πεινάσω***
5. διψάω	________	________	________
6. γελάω	________	________	________
7. χαλάω	________	________	________
Προσοχή: κερνάω	*κέρ(ν)ασα*		
κερνάω	***κέρασα***	***θα κεράσω***	***να κεράσω***
8. ξεχνάω	________	________	________
9. περνάω	________	________	________
10 γερνάω	________	________	________
φοράω	***φόρεσα***	***θα φορέσω***	***να φορέσω***
11. πονάω	________	________	________
12. μπορώ	________	________	________
13. παρακαλώ	________	________	________
14. καλώ	________	________	________

Ο. *Απαντήστε:*

Ποιό φόρεμα φόρεσες στο πάρτυ; ***Φόρεσα το γαλάζιο.***

1. Πώς πέρασες στο πάρτυ της Αλίκης; ________________

2. Μπορείτε να μου χαλάσετε ένα πεντοχίλιαρο; ________________

3. Πού ξέχασες πάλι τα γυαλιά σου; ________________

4. Τι ώρα θα μου τηλεφωνήσεις; ________________

5. Θα μπορέσει να φύγει αύριο; ________________

6. Σε βοήθησε κανένας; ________________

7. Να σας κεράσω ένα παγωτό; ________________

8. Σε ποιά σελίδα του βιβλίου σταματήσαμε παιδιά; ______________________

9. Πόσους καλέσατε στο γάμο; ______________________

Προσοχή!

Ενεστώτας	*Αόριστος*	*Μέλλοντας*
παίρνω	*πήρα*	*θα πάρω*
περνάω	*πέρασα*	*θα περάσω*

Π. *παίρνω ή περνάω;*

Τι ώρα ***θα περάσεις*** να με πάρεις;

1. .... από το γραφείο και έπειτα θα έρθω στο σπίτι.
2. Γιατί δεν με .... στο τηλέφωνο, Ελλη;
3. .... το λεωφορείο στις 9 το πρωί και πήγαν στο Σούνιο.
4. Πώς .... χτες, παιδιά;
5. Γιάννη, ... το φάρμακό σου;
6. Αυτό το λεωφορείο δεν .... από το Σύνταγμα.

Ρ. *Συμπληρώστε τον πίνακα.*

Ενεστώτας	*Αόριστος*	*Μέλλοντας*	*Υποτακτική*
μπορώ	***μπόρεσα***	***θα μπορέσω***	***να μπορέσω***
1. ________	ζήτησε	________	________
2. ________	________	________	να κεράσουν
3. ________	________	θα συναντήσουμε	________
4. καλείς	________	________	________
5. ________	________	θα περάσετε	________
6. βοηθάω	________	________	________
7. ________	προσπάθησαν	________	________
8. ________	________	________	να συμφωνήσετε
9. ________	________	θα χαλάσεις	________

Επίθετο		*Επίρρημα*
ενικός αριθμός	*πολύς-πολλή-πολύ*	*πολύ*
πληθυντικός αριθμός	*πολλοί-πολλές-πολλά*	

Σ. ***πολλή*** ζάχαρη

1. .... άνθρωποι
2. .... μήνες
3 .... δυσκολίες
4. .... κρασί
5. .... φορές
6. .... δουλειά
7. .... αργά
8. .... θόρυβος
9. ....ζέστη
10. .... κόσμος
11. .... αγάπη
12. .... στενοχωρημένη
13. .... γράμματα

Τ. *πολύς-πολλή - πολύ* (επίθετο); ή *πολύ* (επίρρημα);

Γιατί φεύγετε; Είναι ***πολύ*** νωρίς.

1. Είναι .... κουρασμένη γιατί είχε .... δουλειά.
2. Δεν κοιμάμαι ....καλά, γιατί ο δρόμος έχει .... θόρυβο.
3. Παρακαλώ μη μου βάλετε .... σούπα γιατί δε πεινάω ....
4. Είχε .... κίνηση ο δρόμος και έφτασα στο γραφείο μου .... αργά.
5. Είναι .... ερωτευμένος μαζί της και της αγόρασε ένα .... ωραίο δαχτυλίδι.
6. Ο γιατρός είπε πως η γιαγιά είναι .... άρρωστη και θέλει .... προσοχή.
7. Κωστάκη, κάνει .... ζέστη και ο ήλιος είναι .... δυνατός σήμερα. Πρέπει να φορέσεις το καπέλο σου.
8. Είσαι .... ζεστή. Μήπως πρέπει να βάλεις το θερμόμετρο;

12 Καλή Επιτυχία!

Α. *Συμπληρώστε:*

Υποτακτική	*Προστακτική*	*Υποτακτική*	*Προστακτική*
να δώσεις	***δώσε***	***να φτιάξετε***	φτιάξτε
1. να καθαρίσεις	__________	5. __________	φόρεσε
2. να μαζέψεις	__________	6. __________	γέμισε
3. να βάλετε	__________	7. __________	μάθετε
4. να περάσεις	__________	8. __________	γράψτε

Β. *Αλλάξτε την Υποτακτική σε Προστακτική.*

Υποτακτική	*Προστακτική*
1. Να φέρεις τις φωτογραφίες.	***Φέρε τις φωτογραφίες.***
2. Να συμπληρώσετε τα κενά με ρήματα.	__________
3. Να έρθεις αμέσως.	__________
4. Να αφήσεις ήσυχη την αδερφή του.	__________
5. Να κεράσεις όλα τα παιδιά.	__________
7. Να αλλάξετε την Προστακτική σε Υποτακτική.	__________
6. Να ξεχάσετε τα προβλήματά σας.	__________

Γ.

Κατάφαση	*Αρνηση*
Ελα μετά τις 6.	***Μην έρθεις μετά τις 6.***
1. Φάε όλο το φαγητό.	__________
2. Βάλτε την σαλάτα στο ψυγείο.	__________
3. Καθίστε μπροστά μου.	__________
Φέρε τις καρέκλες τώρα.	Μην φέρεις τις καρέκλες τώρα.
4. __________	Μην τηλεφωνήσετε στη μητέρα σας.
5. __________	Μην πιεις τίποτα.

6. ______________________________ Μην πεις τίποτα.

7. ______________________________ Μην δώσετε λεφτά στον Αντώνη.

8. ______________________________ Μην έρθεις πριν τις 10.

9. ______________________________ Μην έρθετε νωρίς.

Δ. *Τελειώστε τις προτάσεις.*

Ελα ***αμέσως Γιώργο.***

1. Παιδιά, πιείτε ....

2. Κυρία Αννα, πείτε ....

3. Τηλεφωνήστε ....

4. Σε παρακαλώ πολύ βρες ....

5. Ελάτε ....

6. Ααα! Δες ....

7. Συμπληρώστε ....

Ε. *Κλίνετε:*

Αόριστος		*Μέλλοντας*	
σηκώθηκα	***ετοιμάστηκα***	θα σηκωθώ	***θα ετοιμαστώ***
σηκώθηκες	______________	θα σηκωθείς	______________
σηκώθηκε	______________	θα σηκωθεί	______________
σηκωθήκαμε	______________	θα σηκωθούμε	______________
σηκωθήκατε	______________	θα σηκωθείτε	______________
σηκώθηκαν	______________	θα σηκωθούν	______________

Ζ. *Συμπληρώστε τον πίνακα.*

Ενεστώτας	*Αόριστος*	*Μέλλοντας*
πληρών**ομαι**	πληρώθ**ηκα**	θα πληρωθ**ώ**
1. σηκών...........	σηκώθ...........	θα σηκωθ...........
2. χάν................	χάθ................	θα χαθ................
3. ετοιμά**ζ**...........	ετοιμά**στ**..........	θα ετοιμα**στ**..........
4. λούζ...............	λούστ...............	θα λουστ...............

χτενίζομαι	***χτενίστηκα***	***θα χτενιστώ***
5. ντύνομαι	____________	____________
6. λύνομαι	____________	____________
7. κουράζομαι	____________	____________
8. εργάζομαι	____________	____________

Η. *Αλλάξτε τις προτάσεις στον Μέλλοντα.*

Αόριστος	*Μέλλοντας*
Τι ώρα κοιμήθηκες Νίκο;	***Τι ώρα θα κοιμηθείς Νίκο;***
1. Ετοιμάστηκε και έφυγε.	____________
2. Σηκώθηκαν νωρίς το πρωί.	____________
3. Χτενίστηκε μόνη της ή πήγε στο κομμωτήριο;	____________
4. Θυμηθήκατε να φέρετε τις φωτογραφίες;	____________
5. Σκέφτηκαν να τηλεφωνήσουν στη γιαγιά τους;	____________

Θ. *Κλίνετε:*

Υποτακτική	*Παρακείμενος*	*Υπερσυντέλικος*
να σκεφτώ	***έχω σκεφτεί***	***είχα σκεφτεί***
____________	____________	____________
____________	____________	____________
____________	____________	____________
____________	____________	____________
____________	____________	____________

Ι. *Ακολουθήστε το παράδειγμα.*

Αόριστος	*Παρακείμενος*
Πήγες ποτέ στην Μύκονο;	***Εχεις πάει ποτέ στην Μύκονο;***
1. Δοκιμάσατε ποτέ το παστίτσιο της μαμάς μου;	____________
2. Το πλοίο δεν έφτασε ακόμα.	____________
3. Πόσες ώρες κοιμήθηκες;	____________
4. Δεν τηλεφώνησαν ακόμα;	____________

Κ. *Συμπληρώστε με Υπερσυντέλικο.*

Δεν μπόρεσε να έρθει μαζί μας, γιατί δεν ***είχε τελειώσει*** τη δουλειά του. (τελειώνω)

1. Δεν βγάλαμε εισιτήρια γιατί η παράσταση .... (αρχίζω)
2. Οταν τους τηλεφώνησα, η μητέρα τους μου είπε πως .... (φεύγω)
3. Δεν έγραψαν καλά γιατί δεν .... (μελετάω)
4. Δεν μου το .... και γι αυτό δεν ήρθα. (λέω)
5. Δεν ήθελε να κοιμηθεί νωρίς γιατί .... 3 ώρες το μεσημέρι. (κοιμάμαι)

*η θέ**ση** - οι θέ**σεις*** *1
*η λέ**ξη** - οι λέ**ξεις***
*η σκέ**ψη** - οι σκέ**ψεις***

σ, ξ, ψ — **-η** → **-εις**

Λ.

Ενικός αριθμός	*Πληθυντικός αριθμός*
η θέση	***οι θέσεις***
1. η σκέψη	______________
2. την πρόταση	______________
3 της τάξης	______________
4. η δεξίωση	______________
5. η πρόσκληση	______________
6. της απάντησης	______________
7. η κατάσταση	______________
8. της διάλεξης	______________

___ ___ ' **εις**

___ ' ___ **εων**

Μ. *Κλίνετε:*

	ενικός αριθμός		
ονομαστική:	***η φτωχιά γυναίκα***	***η δυνατή φωνή***	***η δύσκολη κατάσταση***
αιτατιατική:	______________	______________	______________
γενική:	______________	______________	______________
	πληθυντικός αριθμός		
ονομαστική:	______________	______________	______________
αιτατιατική:	______________	______________	______________
γενική:	______________	______________	______________

***** 1. *Εξαίρεση: η βρύση - οι βρύσες*

ΘΑ ΗΘΕΛΑ ΜΙΑ ΕΛΑΦΡΙΑ ΠΕΡΜΑΝΑΝΤ
ΤΑ ΜΑΛΛΙΑ ΣΑΣ ΘΕΛΟΥΝ ΛΙΓΟ ΚΟΨΙΜΟ
ΘΑ ΠΕΡΙΜΕΝΕΤΕ ΛΙΓΟ ΝΑ ΤΕΛΕΙΩΣΩ ΤΗ ΒΑΦΗ
ΜΗΝ ΑΝΗΣΥΧΕΙΤΕ

N. *σελίδα 44.* *Στο κομμωτήριο*

Τελειώστε την ιστορία.

Χτες η Μαρίτσα πήγε στο κομμωτήριο

* *φτιάχνω* * *χτενίζω* *λούζω* * *κόβω* *βάφω*	***τα μαλλιά μου***

θέλω	*χτένισμα* *λούσιμο* *κόψιμο* *βάψιμο*

χρειάζομαι	*χτένα* *βούρτσα* *ψαλίδι* *κρέμα* *σαμπουάν* *λακ*

---

* *κόβω - έκοψα* *βάφω - έβαψα* *φτιάχνω - έφτιαξα*

Ξ. *Ενικός αριθμός* *Πληθυντικός αριθμός*

ο μπακάλης	***οι μπακάληδες***	-ης	-ηδες
1. ο ταξιτζής	____________________		
2. ο χασάπης	____________________		
ο κεφτές	***οι κεφτέδες***	- ες	- εδες
3. ο λεκές	____________________		
4. ο κουραμπιές	____________________		
ο μπακλαβάς	***οι μπακλαβάδες***	-ας	-αδες
5. ο λουκουμάς	____________________		
6. ο ψαράς	____________________		

Ο. *Πού δουλεύουν;*

ο μπακάλης;	α. στο σχολείο	5. ο φούρναρης	ζ. στο ιατρείο
1. η νοικοκυρά	β. στο μανάβικο	6. ο χασάπης	η. στο κομμωτήριο
2. η δασκάλα	γ. στο νοσοκομείο	7. ο καφετζής	θ. στο χασάπικο
3. ο μανάβης	δ. στο σπίτι	8. ο γιατρός	ι. στο φούρνο
4. η νοσοκόμα	ε. στο μπακάλικο	9. η κομμώτρια	κ. στο καφενείο

Π. *Βρείτε τις λέξεις που λείπουν.*

Τα παλιά μικρά ***μανάβικα*** και .... της γειτονιάς χάνονται σιγά σιγά από το κέντρο της .... Κλείνουν, και στη .... τους ανοίγουν όλο και .... πολλά σούπερ - μάρκετ. Εκεί ο κόσμος.. όλα τα πράγματα πιο γρήγορα, και ίσως πιο φτηνά.

Βρίσκει .... και τον ανώνυμο .... Η ανθρώπινη επαφή .... είχαμε με τον .... και τον μπακάλη της γειτονιάς μας .... Είναι κρίμα.

Ευτυχώς .... ακόμα .... καφενεία με την παλιά ζεστασιά για έναν καφέ και μια φιλική ....

11, 12 Επανάληψη

A. *Κλίνετε :*

Ενεστώτας	*Αόριστος*	*Μέλλοντας*
πληρώνομαι	***πληρώθηκα***	***θα πληρωθώ***
______	______	______
______	______	______
______	______	______
______	______	______
______	______	______
θυμάμαι	***θυμήθηκα***	***θα θυμηθώ***
______	______	______
______	______	______
______	______	______
______	______	______
______	______	______

Υποτακτική	*Παρακείμενος*	*Υπερσυντέλικος*
να δω	***έχω δει***	***είχα δει***
______	______	______
______	______	______
______	______	______
______	______	______
______	______	______

B. *Συμπληρώστε τα κενά με το σωστό τύπο των ρημάτων.*

Στο κομμωτήριο ***χτενίστηκες;*** Μου αρέσουν πολύ τα μαλλιά σου. (χτενίζομαι)

1. Ξέρεις που .... ο πατέρας του; (εργάζομαι)
2. .... πολύ αν δεν έρθετε στο γάμο μου. (λυπάμαι)
3. .... πολύ σήμερα . Θέλω .... (κουράζομαι, κοιμάμαι)

4. Το φαγητό δεν .... ακόμη. Κάνε λίγη υπομονή. (ετοιμάζομαι)

5. Συγνώμη που άργησα. Ξέρετε, ... και δεν (χάνομαι,

συνάντησα κανέναν για .... πού είναι η οδός Ανθέων. ρωτάω)

6. Αννα, ... πού θα κάνουμε φέτος διακοπές; (σκέφτομαι)

7. Κανένας δεν .... να μου τηλεφωνήσει, γι αυτό δεν (θυμάμαι)

.... στη συνεδρίαση. (έρχομαι)

8. .... ποτέ σου πώς θα ήταν η ζωή σου χωρίς εμένα; (φαντάζομαι)

Γ. *Δουλεύουμε με την Υποτακτική.*

I. *Ζητάμε άδεια (Μπορώ να ....)*

Μπορώ να ανοίξω το παράθυρο; <u>***Να ανοίξω το παράθυρο;***</u>

1. .... να καπνίσω; ______________________

2. .... να κάνω ένα τηλεφώνημα; ______________________

3. .... να έρθω μαζί σας; ______________________

4. .... να πάω μαζί τους, μαμά; ______________________

II. *Ζητάμε κάτι από κάποιον ευγενικά. (Μπορείτε να...)*

Μπορείτε ***να ανοίξετε*** την πόρτα; (ανοίγω)

1. Μήπως μπορείτε .... με ....; (βοηθάω)

2. Μπορείτε .... μου .... τη διεύθυνση της αδερφής σας; (λέω)

3. Μήπως μπορείτε......... μου .... τα πράγματα (στέλνω)

σε αυτήν τη διεύθυνση πριν το μεσημέρι;

III. *Υποτακτική = Προστακτική*

να φύγεις	φύγε	6. ______________	δώστε
1. ______________	έλα	7. ______________	ρωτήστε
2. ______________	πηγαίνετε	8. ______________	βρες
3. ______________	πες	9. ______________	πιες
4. ______________	άσε	10. ______________	μάθετε
5. ______________	καλέστε	11. ______________	γράψτε

Δ. *Γράψτε τον αρνητικό τύπο.*

Να φύγεις.	*Να μην φύγεις.*	*Μην φύγεις.*
Να κοιμηθείς.	*Να μην κοιμηθείς.*	*Μην κοιμηθείς.*
Να κοιμηθείτε.	***Να μην κοιμηθείτε.***	***Μην κοιμηθείτε.***
1. Να σηκωθείς.	____________________	____________________
2. Να ετοιμαστείτε.	____________________	____________________
3. Να περιμένεις.	____________________	____________________
4. Να λουστείς.	____________________	____________________

Ε. *Απαντήστε τις ερωτήσεις.*

Τι προσπαθούν να κάνουν;	***Προσπαθούν να ανοίξουν*** την πόρτα.	(ανοίγω)
1. Τι προσπαθείς να κάνεις εκεί;	.... αυτό το συρτάρι.	(κλείνω)
2. Τί λέτε να κάνετε απόψε;	.... σπίτι.	(μένω)
3. Τι λες να κάνεις το καλοκαίρι;	.... στην Πάρο.	(πηγαίνω)
4. Τι έχουν να κάνουν την Κυριακή;	.... μια εργασία.	(γράφω)

Ζ. *Τελειώστε τις προτάσεις.*

Ευτυχώς τηλεφώνησαν ***στη γιαγιά τους***.

1. Δυστυχώς ξεχάσαμε ....
2. Ζητήστε από την Αννα ....
3. Απόψε θα φορέσω ....
4. Μας κάλεσαν ....
5. Θα σας κεράσω ....
6. Τον ευχαρίστησαν για ....
7. Θα μπορέσεις να .... ;
8. Η Ελένη προσπαθεί να ....
9. Τον παρακάλεσα να ....
10. Πρέπει να ....
11. Εχουν να ....
12. Μπορεί να μην ....

Η. *Συμπληρώστε τα κενά.*

χτες	*αύριο* ✓
προχτές	*μεθαύριο*
πριν τρεις (ώρες, μέρες κ.λπ.)	*σε τρεις (ώρες, μέρες κ.λπ.)*
την περασμένη (εβδδομάδα. Τρίτη κ.λπ.)	*την άλλη (εβδομάδα, Τρίτη κ.λπ.)*
πέρσι	*του χρόνου*
πρόπερσι	*σε δύο χρόνια*

Θα την δω ***αύριο.***

1. Τους συνάντησα στο θέατρο ....

2. .... δεν θα είμαι στην Αθήνα.

3. Την είχαμε καλέσει στους αρραβώνες του Κώστα .... αλλά δεν ήρθε.

4. Αντε, παιδιά ! .... πάλι μαζί.

5. Πήγαμε στην Λήμνο και .... και ....
γι αυτό φέτος λέμε να πάμε κάπου αλλού.

6. Θα γυρίσουν από τη Θεσσαλονίκη .... και..
Δευτέρα θα είναι στο γραφείο τους.

Θ. *Γράψτε τον πληθυντικό.*

Ενικός	*Πληθυντικός*	*Ενικός*	*Πληθυντικός*
η θέση	***οι θέσεις***	6. η βιταμίνη	______________
η αδερφή	***οι αδερφές***	7. η παρένθεση	______________
1. η επίσκεψη	______________	8. η κατάθεση	______________
2. η πρόσκληση	______________	9. η ανάληψη	______________
3. η εγγονή	______________	10. η ξαδέρφη	______________
4. η επανάληψη	______________	11. η ανάμνηση	______________
5. η διάλεξη	______________	12. η γνώμη	______________

Ι. *Συμπληρώστε τις προτάσεις με τις λέξεις στην παρένθεση, μαζί με το άρθρο, αν χρειάζεται .*

Συμπληρώστε ***τις προτάσεις*** με ***τις λέξεις*** στην παρένθεση. (πρόταση, λέξη)

1. Ο γιατρός της είπε να πάρει πολλές .... (βιταμίνη)

2. Δεν ξέρω πότε θα βγουν τα αποτελέσματα .... (έξέταση)

3. .... βρίσκονται στη σελίδα 35. (λύση, άσκηση)

4.Ποιά είναι .... σας για τον νέο μας διευθυντή;	(γνώμη)
5.Μόλις άκουσε στις.................................... για το σεισμό, τηλεφώνησε	(είδηση,
στις .... της για να δει αν είναι καλά.	ξαδέρφη)
6. Είχαν κάνει πολλές .... και τα είχε μάθει όλα τέλεια.	(επανάληψη)
7. Εχω να κάνω πολλές .... Είναι του Αγίου Ιωάννου σήμερα.	(επίσκεψη)
8. Δεν μπόρεσε να κάνει .... από τον λογαριασμό του, γιατί	(ανάληψη,
δεν είχε μαζί του το διαβατήριό του.	
9. Ξέρεις πόσες .... έχω σ' αυτό το σπίτι; Εδώ μεγάλωσα.	(ανάμνηση)

ονομαστική:	*ένας*	*μία (μια)*	*ένα*
αιτιατική:	*έναν*	*μία / μια*	*ένα*
γενική:	*ενός*	*μιας*	*ενός*

Κ. *Συμπληρώστε τα κενά με το σωστό τύπο.*

Δεν είναι εδώ. Θα μείνει στο σπίτι ***ενός*** φίλου του απόψε.

1. Πώς γκρινιάζεις έτσι, βρε Κώστα! .... ώρας δουλειά είναι, όλο κι όλο!
2. Ποιός μπορεί να καταλάβει τα όνειρα .... παιδιού;
3. Την ξέρω αυτή την κυρία. Είναι η δασκάλα .... φίλης μου.
4. Είχα γράμμα από .... πολύ καλό φίλο μου που σπουδάζει στο Λονδίνο.
5. Πώς μπορώ να πω όχι σε .... τόσο γλυκό κορίτσι;
6. Σήμερα ο εγγονός της έχει τα γενέθλιά του. Γίνεται .... έτους.

Λ. *Κλίνετε:*

ενικός αριθμός

η γλυκιά ανάμνηση	***η ευγενική μαθήτρια***	***μια ρομαντική ιστορία***
______________	______________	______________
______________	______________	______________

πληθυντικός αριθμός

______________	______________	______________
______________	______________	______________
______________	______________	______________

Μ. *Συμπληρώστε τον πίνακα.*

Ενικός αριθμός		*Πληθυντικός αριθμός*
φτωχός	**φτωχιά - φτωχό**	**φτωχοί - φτωχές - φτωχά**
1. νέος	______________	______________
2. γλυκός	______________	______________
3. ξανθός	______________	______________
4. σωστός	______________	______________
5. ελληνικός	______________	______________

Ν. ***πως = ότι***

Ι. *Αλλάξτε με τον ίδιο τρόπο τις προτάσεις.*

Μου είπε ότι θα έρθει αύριο. — ***Μου είπε πως θα έρθει αύριο.***

1. Ο Αλέξης λέει ότι θα αργήσει. ______________
2. Μου τηλεφώνησαν ότι θα φάνε έξω. ______________
3. Νομίζω ότι δεν έχουν φύγει ακόμα. ______________

ΙΙ. ***πώς; ή πως;***

Μπορείτε να μου πείτε ***πώς*** το λένε αυτό στα ελληνικά; Πιστεύεις ***πως*** σου λέω ψέμματα;

1. Μου έγραψε .... θα έρθει να μας δει.
2. Ξέρεις .... τον λένε;
3. Δεν κατάλαβα .... μπόρεσες να το κάνεις αυτό!
4. Νομίζω .... αύριο θα χιονίσει.
5. Δεν ξέρω .... να σας ευχαριστήσω.

Ξ. ***πού; ή που;***

Πού πήγες χτες, Ηλία; Δεν μου αρέσουν αυτά ***που*** κάνεις.

1. Ποιός είναι ο κύριος .... μιλάει με τον πατέρα σου;
2. Μήπως ξέρεις .... έβαλα τα κλειδιά μου;
3. Εμαθες .... μένει ο Γιάννης;
4. Το παιδί .... ήρθε πριν από λίγο άφησε αυτά τα λουλούδια για σας.
5. Μου είπε .... θα βρω αυτό το βιβλίο, αλλά τώρα δεν θυμάμαι να σας πω.

πεινώ (πεινάω)	*πείνασα*	*θα πεινάσω*
πίνω	*ήπια*	*θα πιω*

Ο. *πίνω; ή πεινώ;*

Ηπιαν όλο τους το γάλα. Ηταν καλά παιδιά.

1. Κώστα, ... ; Θέλεις να σου πάρω ένα κρουασάν;
2. Τι ...., Νίκο; Μπύρα ή κρασί;
3. Δεν .... καθόλου, κυρία Κατίνα. Μόλις έφαγα ένα σάντουιτς.
4. .... το φάρμακό σου για να γίνεις γρήγορα καλά.

Π. *Συμπληρώστε τον πίνακα.*

	Ενεστώτας	*Αόριστος*	*Υπερσυντέλικος*	*Προστακτική*
1.	γελάς	***γέλασες***	***είχες γελάσει***	***γέλασε***
2.	______	έφτιαξες	______	______
3.	______	______	______	στρώσε
4.	______	______	είχατε μαζέψει	______
5.	______	παρακαλέσατε	______	______
6.	κερνάτε	______	______	______
7.	______	______	______	κόψτε

Ρ. *Συμπληρώστε με τη σωστή λέξη στο υποκοριστικό της (-ακι/-ακια)*

νησί, ποτήρι, φεγγάρι, κορίτσι, σπίτι, κουτάλι, τραπέζι, γάτα

Φέρε τέσσερα ποτήρια για νερό και δυό ***ποτηράκια*** για κρασί.

-ακι

1. Και μην ξεχάσεις τα.. για το γλυκό, Ισαβέλλα.
2. Το Αγκίστρι είναι ένα μικρό .... πολύ κοντά στην Αίγινα.
3. Πω, πω! Σπίτι μου .... μου! Δεν ξαναταξιδεύω ποτέ χειμώνα.
4. .... μου λαμπρό, φέγγε μου να περπατώ.
5. Βλέπεις εκείνα τα δυό ....; Είναι οι εγγονές της κυρίας Μαρίκας.
6. Εβαλε το ένα .... κοντά στην πολυθρόνα.
7. Κοίταξε πως παίζουν αυτά ....; Δεν είναι θαύμα!

13 Τι έγινε;

Α. *Κλίνετε:*

	ενικός αριθμός	
ονομαστική:	***ο ικανός πρόεδρος***	***η ικανή πρόεδρος***
αιτιατική:	____________________	____________________
γενική:	____________________	____________________
	πληθυντικός αριθμός	
ονομαστική:	____________________	____________________
αιτιατική	____________________	____________________
γενική:	____________________	____________________

Β.

η	*οδός*	*οι*	*οδοί*
η	είσ***οδος***	***οι***	είσ***οδοι***
1.	έξ........................	....	έξ........................
2.	μέθ........................	....	μέθ........................
την	άν***οδο***	***τις***	αν***όδους***
3.	κάθ........................	....	καθ........................
4.	πρό........................	....	προ........................

Γ. *Συμπληρώστε τα κενά με το σωστό τύπο των ουσιαστικών μαζί με το άρθρο, όπου χρειάζεται.*

Μένουν σ***την οδό*** Μετσόβου πολύ κοντά στο Μουσείο. (οδός)

1. Μπορεί να του δώσει το τηλέφωνο της .... του; (μικροβιολόγος)
2. Ολες .... του καταστήματος ζήτησαν αύξηση. (υπάλληλος)
3. Η αστυνομία έκλεισε όλες .... του γηπέδου. (έξοδος)
4. Θέλω να γράψετε την περίληψη αυτών των δύο .... (παράγραφος)
5. Χρησιμοποιείτε το ασανσέρ μόνον για την.. . (άνοδος,
   .... από τις σκάλες. κάθοδος)
6. Οι δύο νεαρές .... παρακολουθούσαν το άρρωστο (παιδίατρος)
   παιδί μέρα - νύχτα.

7. Παρακαλώ να έρθουν εδώ οι .... των τάξεων (αντιπρόσωπος,
για να μετρήσουμε .... ψήφος)

Δ.

Αρσενικό ***-ης***	*Θηλυκό - **τρια***		*Αρσενικό* ***-ος***	*Θηλυκό* ***-ος***
ο καθηγητής	***η καθηγήτρια***		ο γιατρός	***η γιατρός***
1. ο μαθητής	________________		7. ο παθολόγος	________________
2. ο φοιτητής	________________		8. ο καρδιολόγος	________________
3. ο διευθυντής	________________		9. ο γυναικολόγος	________________
4. ο εργάτης	________________		10. ο μικροβιολόγος	________________
5. ο αθλητής	________________	*και*	ο νοσοκόμος	***η νοσοκόμα***
6. ο λογιστής	________________		11. ο δάσκαλος	________________

Ε. *Αντικαταστήστε τα αντικείμενα με αντωνυμίες.*

Στείλαμε το δέμα στον Γιάννη.

Του το στείλαμε.

1.Τηλεφώνησαν στους φίλους τους τα νέα.

____

2. Θα φέρω αύριο τις φωτογραφίες στη γιαγιά, γιατί σήμερα δεν έχω καιρό.

____

3. Μπορείς να δώσεις στον Ιάκωβο τις σημειώσεις της Ιστορίας;

____

4. Πρέπει να αγοράσεις τα βιβλία για την Μαρίνα. Κοίταξε μην το ξεχάσεις.

____

5. Είπες στις φίλες σου πως αύριο θα συναντηθούμε στην πλατεία;

____

Προσοχή:

Ζ. Θα φέρεις **τις** μπύρες;

Ναι, θα τις φέρω.

1. Εφεραν τα χρήματα;

____

Θα φέρεις μπύρες;

Ναι, θα φέρω.

Εφεραν χρήματα;

____

2. Εστειλε την κάρτα στον Αρη;	Εστειλε κάρτα στον Αρη;
__________	__________
3. Εχετε το διαβατήριό σας;	Εχετε διαβατήριο ;
__________	__________
4. Αγόρασες τις εφημερίδες;	Αγόρασες εφημερίδες;
__________	__________

Η. *Βρείτε τις ερωτήσεις.*

Θα πεις το πρόβλημά σου στον παππού ;	Οχι, δεν θα του το πω.
1. __________ ;	Ναι, θα της τα αγοράσω.
2. __________ ;	Σας τα έστειλα χτες.
3. __________ ;	Θα σου την δώσω οπωσδήποτε.
4. __________ ;	Οχι, δεν τους τις έφερα γιατί δεν ήξερα πως θα τις δω .

Θ. *Ξαναγράψτε τις προτάσεις στην Προστακτική.*

Αμεσο αντικείμενο	***Εμμεσο αντικείμενο***
Να με πάρεις στο τηλέφωνο στις οκτώ.	Να μου φέρεις τα λεφτά που σου έδωσα.
Πάρε με στο τηλέφωνο στις οκτώ.	***Φέρε μου τα λεφτά που σου έδωσα.***
1. Να τον δεις απόψε.	7. Να του απαντήσεις γρήγορα.
__________	__________
2. Να την ακούσεις προσεκτικά.	8. Να της αγοράσεις κάτι. Εχει τα γενέθλιά της.
__________	__________
3. Να τις φας όλες.	9. Να του γράψεις αύριο. Ανησυχεί.
__________	__________
4. Να μας βοηθήσετε.	10. Να μας απαντήσετε στην ίδια διεύθυνση.
__________	__________
5. Να τους ρωτήσετε αμέσως.	11. Να τους τηλεφωνήσετε το βράδυ.
__________	__________
6. Να τις γράψεις γρήγορα.	12. Να τους στείλεις γλυκά.
__________	__________

Ι. *Ξαναγράψτε τις προτάσεις στην Προστακτική.*

Να του το διαβάσεις αμέσως.

Διάβασέ του το αμέσως.

1. Να μου τα φέρετε πριν τις οκτώ, γιατί μετά θα φύγω.

2. Να τους το πεις γιατί ανησυχούν.

3. Δεσποινίς Ελλη, να μας τις ετοιμάσετε και να μας τις δώσετε πριν αρχίσει η συνεδρίαση.

4. Να της το αγοράσεις. Ξέχασες πως είναι τα γενέθλιά της;

Κ. *Γράψτε τις προτάσεις στον αρνητικό τύπο.*

Θα τον δω αύριο.

Δεν θα τον δω αύριο.

1. Να τα δώσεις στην μητέρα του.

2. Ξέχασέ το.

3. Φάτε όλα τα γλυκά. Εχω φτιάξει πολλά.

4. Κόψτε τα μαλλιά σας.

5. Πρέπει να το ετοιμάσεις αμέσως.

6. Θέλω να σας πω κάτι.

7. Ελάτε την Κυριακή. Μπορώ να σας δω.

ΟΙ ΓΟΝΕΙΣ ΤΟΥ ΒΑΣΙΛΗ ΕΡΧΟΝΤΑΙ ΣΤΗΝ ΑΘΗΝΑ
1
ΚΑΡΔΙΟΛΟΓΟΣ
ΘΑ ΚΑΝΟΥΜΕ ΕΝΑ ΚΑΡΔΙΟΓΡΑΦΗΜΑ
2
ΠΑΘΟΛΟΓΟΣ
ΕΧΩ ΚΑΙ ΠΙΕΣΗ ΓΙΑΤΡΕ
3
ΜΙΚΡΟΒΙΟΛΟΓΟΣ
4
5
ΨΥΧΙΑΤΡΟΣ
6

Λ. σελίδα 58. Οι γονείς του Βασίλη έρχονται στην Αθήνα.

I. *Η Αννα τηλεφωνεί στον Παθολόγο για να κλείσει ραντεβού.*

Αννα: **Τον κύριο Αντρέου παρακαλώ.**

Κος Αντρέου: ______________________

II. *Τελειώστε την ιστορία.*

Την περασμένη εβδομάδα οι γονείς του Βασίλη ήρθαν πάλι στην Αθήνα για να κάνουν ιατρικές εξετάσεις

III. *Στον Ψυχίατρο*

Ψυχίατρος: ***Μην μιλάτε κι οι δύο μαζί. Ενας ένας, για να καταλάβω τι λέτε.***

Αννα: ______________________

Βασίλης: ______________________

Μ. *Διαλέξτε τη σωστή λέξη.*

Το κάπνισμα είναι πολύ ***επικίνδυνο*** για την υγεία.

α. ακριβό (β.) επικίνδυνο γ. νόστιμο

1. Το ασανσέρ δεν λειτουργεί. Εχει ....

α. βλάβη β. κοινόχρηστα γ. ασφάλεια

2. Παρακαλώ μου δίνετε τον τηλεφωνικό ....

α. χάρτη β. κατάλογο γ. οδηγό

3. .... το κρέας σε μικρές φέτες και φέρ'το στο τραπέζι.

α. ανακάτεψε β. ρίξε γ. κόψε

4. Δεν μπορούσαμε να μαγειρέψουμε χτες γιατί είχε ....

α. διακοπή ρεύματος β. διακοπές γ. ασφάλεια

5. Ο Ιωάννου έδωσε τη μπάλα στο Λουκίδη και αυτός με ένα σουτ .... γκολ.

α. έπαιξε β. έβαλε γ. έριξε

6. Ρωτήσαμε το θυρωρό ....σε ποιόν όροφο ήταν το γραφείο τους.

α. της πολυκατοικίας β. του διαμερίσματος γ. του σπιτιού

7. Πληρώνουμε περισσότερα .... το χειμώνα γιατί ανάβουμε το καλοριφέρ.

α. λογαριασμούς β. λεπτά γ. κοινόχρηστα

8. Χάλασαν .... και φωνάξαμε τον ηλεκτρολόγο να τις διορθώσει.

α. οι πόρτες β. οι ασφάλειες γ. οι βρύσες

9. Η βρύση του μπάνιου τρέχει και φωνάξαμε τον ....

α. υδραυλικό β. φαρμακοποιό γ. ηλεκτρολόγος

10. Η γάτα .... κάτω το βάζο με τα λουλούδια και έγινε χίλια κομμάτια.

α. έπεσε β. έριξε γ. έβαλε

Ν. *Συμπληρώστε τον πίνακα.*

	Ενεστώτας	*Αόριστος*	*Υποτακτική*
	ρίχνω	έριξα	***να ρίξω***
1.	____________	φτιάξαμε	____________
2.	____________	έτρεξαν	____________
3.	____________	έκοψες	____________
4.	____________	ανακάτεψαν	____________

14 Χαιρετισμούς στη μητέρα σου

Α. *Κλίνετε στον Παρατατικό τα ρήματα πηγαίνω, λέω, γελώ (άω)*

Παρατατικός

πήγαινα	***έλεγα***	***γελούσα***
________	________	________
________	________	________
________	________	________
________	________	________
________	________	________

Β.

Ενεστώτας	*Παρατατικός*	*Ενεστώτας*	*Παρατατικός*
αγοράζ**ω**	αγόρα**ζα**	μέν**ω**	**έ** μεν**α**
χορεύ......	χόρευ......	φεύγ......	......φευγ......
μιλ**άω (ώ)**	μιλ**ούσα**	βλέπ......	......βλεπ......
πον......	πον............	λέ(γ)........	**έ** λε**γ α**
οδηγ**ώ**	οδηγ............	τρώ(γ)...... .	.....τρω......
αργ......	αργ......	κλαί(γ)......	......κλαιγ......

Γ. *Συμπληρώστε τα κενά .*

Οταν **ήμουν** στο γυμνάσιο **διάβαζα** τα μαθήματά μου από τις 3 ως τις 7 . (είμαι, διαβάζω)

1. Η γιαγιά μου .... τα πιο όμορφα παραμύθια του κόσμου. (λέω)
2. Ο Γιάννης και ο Θοδωρής .... μπάλα κάθε Κυριακή. (παίζω)
3. Από τις 4 ως τις 7 τα παιδιά .... αγγλικά. (μελετάω)
4. Η μητέρα μου είναι πολύ κουρασμένη γιατί .... όλη νύχτα. (ταξιδεύω)

Προσοχή:

	Παρατατικός/Αόριστος		*Παρατατικός/Αόριστος*
έχω	είχα	*είμαι*	ήμουν
περιμένω	περίμενα	*ξέρω*	ήξερα
κάνω	έκανα	*θέλω*	ήθελα *(Αορ. θέλησα)*

5. Χτες όλη την ημέρα .... (βρέχει)

6. Στις 7 το απόγευμα .... τα μαθήματά μου. (γράφω)

7. Οταν έφτασα στο σπίτι η κυρία Αρετή .... το βραδινό μας. (μαγειρεύω)

8. Επεσε την ώρα που .... από το λεωφορείο. (κατεβαίνω)

9. .... κάθε φορά που με .... η μαμά μου. (κλαίω, μαλώνω)

10. Πήγε να ξαπλώσει γιατί της .... πολύ το στομάχι της. (πονάω)

11. Οταν .... στο Βόλο .... συχνά στο Πήλιο γιατί μας άρεσε πολύ. (μένω, πηγαίνω)

12. Δεν .... ποτέ με αεροπλάνο όταν ήμουν φοιτητής. Δεν .... τόσα λεφτά. (ταξιδεύω, έχω)

Δ. *Τελειώστε τις προτάσεις με Παρατατικό.*

Από τις 3 ως τις 5 ***μιλούσαν στο τηλέφωνο.***

1. Ολο το χειμώνα πέρσι ....

2. Οταν ήμουν μικρός/η ....

3. Χτες όλη τη μέρα ....

4. Οταν ήρθε ο πατέρας του, αυτός ....

5. Την ώρα που ....

6. Ενώ ....

7. Καθώς ....

Ε. *Κλίνετε:*

Συνεχής Μέλλοντας		*Συνεχής Υποτακτική*	
θα απαντάω	***θα κοιμάμαι***	***να βλέπω***	***να έρχομαι***
____________	____________	____________	____________
____________	____________	____________	____________
____________	____________	____________	____________
____________	____________	____________	____________
____________	____________	____________	____________

Ζ. *Συμπληρώστε με συνεχή Μέλλοντα.*

Αύριο ***θα κοιμάμαι*** όλη τη μέρα. (κοιμάμαι)

1. Ο πατέρας της .... της .... χρήματα κάθε μήνα. (στέλνω)
2. Μου είπε πως .... συχνά να μας βλέπει. (έρχομαι)
3. Θα περάσουμε πολύ ωραία. .... κάθε πρωί και το απόγευμα (κολυμπάω, ... στο κάστρο και .... το ηλιοβασίλεμα. ανεβαίνω, βλέπω)
4. Δεν ακούω τίποτα. .... πάντα πριν τις 11. Εντάξει, Σοφία; (γυρίζω)
5. Τους χειμερινούς μήνες τα νυχτερινά κέντρα .... πιο νωρίς. (κλείνω)
6. Αχ, Ελένη μου, ... με .... κάπου- κάπου; (σκέφτομαι)

Η. *Συμπληρώστε τα κενά με συνεχή Υποτακτική.*

Πρέπει ***να κοιμάσαι*** νωρίς κάθε βράδυ. (κοιμάμαι)

1. Δεν της αρέσει .... πιάτα. (πλένω)
2. Δεν θέλω ....μου .... μετά τις 12. (τηλεφωνώ)
3. Σου αρέσει .... με τρένο; (ταξιδεύω)
4. Ξέρει .... αλλά δεν ξέρει.. βουτιές. (κολυμπάω, κάνω)
5. Αρχισε .... και .... και έφυγαν αμέσως. (βρέχει, φυσάει)
6. Σταματήστε .... Ενοχλείτε τους διπλανούς σας. (καπνίζω)
7. Ο γιατρός της είπε .... πολύ και (προσέχω, ... αλλά αυτή συνεχίζει .... ξεκουράζομαι, δουλεύω)

Θ. *Τελειώστε τις προτάσεις με συνεχή Μέλλοντα ή με συνεχή Υποτακτική.*

Ξέρεις ***να μαγειρεύεις;***

1. Δεν της αρέσει ....
2. Αρχισε ....
3. Συνεχίζει ....;
4. Σταματήστε επιτέλους ....
5. Από αύριο ....
6. Ολο το καλοκαίρι ....
7. Εγώ .... πάντα.

ΕΝΑΣ ΣΚΥΛΟΣ ΜΙΑ ΜΕΡΑ...
1
2
3
4
5
6

I. *σελίδα 64 και γράψτε μια δική σας ιστορία.*

Κ. *Κλίνετε:*

	ενικός αριθμός		
ονομαστική:	***το ωραίο μέρος***	***ο καλός γιατρός***	***η νέα δικηγόρος***
αιτιατική:	______________	______________	______________
γενική:	______________	______________	______________
	πληθυντικός αριθμός		
ονομαστική:	______________	______________	______________
αιτ.ιατική:	______________	______________	______________
γενική:	______________	______________	______________

Λ. *Συμπληρώστε τον πίνακα.*

Ενικός αριθμός	*Πληθυντικός αριθμός*
ο μονός αριθμός	***οι μονοί αριθμοί***
1. το νέο μέλος	______________
2. ο αρχαίος ναός	______________
3. ο χαμηλός μισθός	______________
4. η μεγάλη λεωφόρος	______________
5. η νέα δημοσιογράφος	______________
6. το πλούσιο κράτος	______________

Μ. *Συμπληρώστε με το σωστό τύπο των ουσιαστικών, μαζί με το άρθρο όπου χρειάζεται.*

Ολα ***τα μέλη*** του συλλόγου εργάστηκαν σκληρά και είχαμε καλό αποτέλεσμα. (μέλος)

1. Υπάρχουν πολλά .... λουλουδιών στην Ελλάδα. (είδος)
2. Το σπίτι τους ήταν στην άκρη του χωριού κοντά σε ένα.................................. (δάσος)
3. Πόσα είναι .... της Ευρωπαϊκής Ένωσης; (κράτος)
4. Το .... είναι ένα από τα προβλήματα των μεγάλων πόλεων. (νέφος)
5. Φύγαμε πριν από .... του έργου, γιατί ήταν πολύ αργά. (τέλος)
6. Μιλούσε καλά ελληνικά, χωρίς πολλά .... (λάθος)
7. Ταξίδευαν όλο το καλοκαίρι και είδαν πολλά ωραία .... (μέρος)
8. Εχει .... για το χορό. (πάθος)

13, 14 Επανάληψη

A. *Συμπληρώστε:*

Ενεστώτας: διαβάζω

Συν. Μέλλοντας : **θα διαβάζω**

Συν. Υποτακτική: **να διαβάζω**

*Παρατατικός:***διάβαζα**

Θέμα= **διαβαζ**

Αόριστος: **διάβασα**

Μέλλοντας : **θα διαβάσω**

Υποτακτική: **να διαβάσω**

Προστακτική: **διάβασε - διαβάστε**

Θέμα: **διαβασ**

1. *Ενεστώτας:* **δουλεύω**

   Συν. Μέλλοντας: ....

   Συν Υποτακτική: ....

   Παρατατικός: ....

   Θέμα: ....

   Αόριστος: ....

   Μέλλοντας : ....

   Υποτακτική: ....

   Προστακτική: ....

   Θέμα: ....

2. *Ενεστώτας:* .**φέρνω**

   Συν. Μέλλοντας: ....

   Συν Υποτακτική: ....

   Παρατατικός: ....

   Θέμα: ....

   Αόριστος: ....

   Μέλλοντας : ....

   Υποτακτική: ....

   Προστακτική: ....

   Θέμα: ....

3. *Ενεστώτας:* **ρωτάω**

   Συν. Μέλλοντας: ....

   Συν Υποτακτική: ....

   Παρατατικός: ....

   Θέμα: ....

   Αόριστος: ....

   Μέλλοντας : ....

   Υποτακτική: ....

   Προστακτική: ....

   Θέμα: ....

3. *Ενεστώτας:* **ακούω**

   Συν. Μέλλοντας: ....

   Συν Υποτακτική: ....

   Παρατατικός: ....

   Θέμα: ....

   Αόριστος: ....

   Μέλλοντας : ....

   Υποτακτική: ....

   Προστακτική: ....

   Θέμα: ....

Β. *Συμπληρώστε τα κενά με Παρατατικό.*

Οταν ***ήμουν*** μικρή ***έπαιζα*** μπάλα με τα αγόρια της γειτονιάς μου. (είμαι, παίζω)

1. **Κάθε φορά** που την .... ο Κώστας της .... ένα κόκκινο τριαντάφυλλο. Ηταν πολύ ερωτευμένος. (βλέπω, δίνω)

2. **Κάθε καλοκαίρι** .... διακοπές στη Σκιάθο και μας .... ο παπάς του χωριού. (κάνω, φιλοξενώ)

3. Χτες .... **όλο το πρωί**. Ηταν βλέπεις η γιορτή της κόρης μου. (μαγειρεύω)

4. **Την ώρα που** εγώ .... αυτή .... δυνατά. (γράφω, τραγουδάω)

5. **Καθώς** .... στο σπίτι μου είδα ένα γατάκι που .... γιατί .... και .... πολύ. (πηγαίνω,νιαουρίζω, κρυώνω, πεινάω)

6. **Ενώ** της............................ πολύ σοβαρά για το μέλλον της, αυτή .... έξω από το παράθυρο και .... ειρωνικά. (μιλάω, κοιτάω, χαμογελάω)

Γ. *Συμπληρώστε τα κενά με Αόριστο ή Παρατατικό.*

α. Χτες ***έγραψα*** στη Δάφνη. (γράφω)

β. Ολο το πρωί χτες ***έγραφα*** γράμματα.

1. α. Χτες όλη τη μέρα τα παιδιά .... στη βιβλιοθήκη. (μελετάω)

   β. Χτες τα παιδιά .... στη βιβλιοθήκη.

2. α. Γιάννη, ... στη Μαρία; (τηλεφωνώ)

   β. Σε ποιόν .... την ώρα που ήρθα, Γιάννη;

3. α .... τη Μαρία κάθε Πέμπτη στο μάθημα των ελληνικών. (βλέπω)

   β. .... τη Μαρία την Πέμπτη στο μάθημα των ελληνικών.

4. α. Τους .... τα χρήματα στο τέλος του περασμένου μήνα. (στέλνω)

   β. Πάντα τους .... χρήματα στο τέλος του μήνα.

Δ. *Συμπληρώστε τα κενά με Συνεχή Μέλλοντα ή Μέλλοντα .*

α. Αύριο ***θα γράψω*** την εργασία μου. (γράφω)

β. Αύριο όλο το πρωί ***θα γράφω*** την εργασία μου.

1. α. Τα παιδιά .... στη βιβλιοθήκη απόψε. (μελετάω)

   β. Από τις 6 ως τις 9 απόψε τα παιδιά .... στη βιβλιοθήκη.

2. α. Την Κυριακή .... στους γονείς μας. (τηλεφωνώ)

β. Κάθε Κυριακή .... στους γονείς μας.

3. α. Η Μαρία .... στο σπίτι μας κάθε Πέμπτη. (έρχομαι)

β. Η Μαρία .... στο σπίτι μας την Πέμπτη.

4. α. .... νωρίς σήμερα γιατί είμαι κουρασμένη. (κοιμάμαι)

β. .... όλο το απόγευμα γιατί είμαι κουρασμένη.

Ε. *Συμπληρώστε τα κενά με Συνεχή Υποτακτική ή Υποτακτική.*

α. Πρέπει ***να γράψεις*** στον παππού σου γιατί ανησυχεί. (γράφω)

β. Πρέπει ***να γράφεις*** στον παππού σου συχνά γιατί ανησυχεί.

1. α. Δεν θέλουν .... απόψε. (μελετάω)

β. Δεν θέλουν .... τις Κυριακές.

2. α. Σε παρακαλώ μπορείς .... τη Δευτέρα πριν τις 6; (έρχομαι)

β. Σε παρακαλώ μπορείς .... κάθε Δευτέρα πριν τις 6;

3. α. Μαρία, θέλω .... νωρίς απόψε. (γυρίζω)

β. Μαρία, δεν θέλω .... ποτέ μετά τις 12.

4. α. Πήγαινε .... τα χέρια σου αμέσως.

β. Πρέπει .... πάντα τα χέρια σου πριν το φαγητό. (πλένω)

Ζ.

Ενεστώτας	*Παρατατικός / Αόριστος*
πρέπει- μου αρέσει	*έπρεπε - μου άρεσε*
Πρέπει να γυρίσω πριν την Κυριακή.	***Επρεπε να γυρίσω πριν την Κυριακή.***
1. Της αρέσει να ακούει μουσική.	______________________
2. Δεν του αρέσει να τον ξυπνάνε νωρίς το πρωί.	______________________
3. Πρέπει να της το πω εγώ ο ίδιος.	______________________
4. Πρέπει να φύγουμε αμέσως.	______________________

♂	*ονομαστική:*	***ένας*** *μήνας*	***τρεις*** *μήνες*	***τέσσερις*** *μήνες*
	αιτιατική:	***έναν*** *μήνα*	***τρεις*** *μήνες*	***τέσσερις*** *μήνες*
♀	*ονομ. / αιτ.*	***μία*** *ώρα*	***τρεις*** *ώρες*	***τρεις*** *ώρες*
	ονομ. / αιτ.	***ένα*** *παιδί*	***τρία*** *παιδιά*	***τρία*** *παιδιά*

Η. *Ακολουθήστε το παράδειγμα.*

ένας. άντρας — ***τρεις άντρες*** — ***τέσσερις άντρες***

1. .... εβδομάδα ______ ______
2. .... γράμμα ______ ______
3. .... φίλο ______ ______
4. .... βιβλίο ______ ______
5. .... λέξη ______ ______
6. .... λάθος ______ ______

Θ. *Γράψτε 5 αρσενικά, 5 θηλυκά και 5 ουδέτερα ουσιαστικά σε* **-ος**.

	αρσενικά	*θηλυκά*	*ουδέτερα*
	ο δρόμος	***η παράγραφος***	***το τέλος***
1.	______	______	______
2.	______	______	______
3.	______	______	______
4.	______	______	______
5.	______	______	______

Ι. *Γράψτε τον πληθυντικό.*

της μικρής εγγονής

των μικρών εγγονών

1. την κλειστή είσοδο

______

2. η μαλακιά μπριζόλα

______

3. ο νόστιμος μεζές

______

4. της έξυπνης ερώτησης

______

5. το μεγάλο έθνος

______

6. του νέου διευθυντή

______

7. ο καλός μπαμπάς

______

8. το μικρό διαμέρισμα

______

Κ. *Συμπληρώστε τα κενά με το σωστό τύπο των ουσιαστικών μαζί με το άρθρο όπου, χρειάζεται.*

Δεν ήξερε ***τη διεύθυνσή*** τους. (διεύθυνση)

1. Να γράψετε δύο .... με θέμα "Η ζωή στη πόλη". (παράγραφος)
2. Ολες .... είχαν κλείσει για .... (λεωφόρος, παρέλαση)
3. Ηταν πολύ ευχαριστημένοι γιατί δεν είχαν κάνει πολλά .... (λάθος, στις .... τους. έκθεση)
4. Εβλεπα κάθε Κυριακή στο πάρκο όλους .... και (παππούς, ... με τα εγγόνια τους που έπαιζαν με .... γιαγιά, πάπια)
5. Δεν μπόρεσα να βρω σε κανένα λεξικό την .... (μετάφραση, αυτών .... λέξη)
6. Ξέρω πολλά ωραία .... αλλά είναι μακριά. (μέρος)
7. .... και οι δυσκολίες .... (άγχος, ζωή, τον έκαναν να χτυπήσει την πόρτα .... ψυχίατρος)
8. Είχε δύο μεγάλους .... στο καινούργιο του πουκάμισο. (λεκές)

Λ. *Αντικαταστήστε τα αντικείμενα με αντωνυμίες. Ξαναγράψτε τις προτάσεις στον αρνητικό τύπο.*

Δώσε τις ασκήσεις στον Κώστα.

Δώσε τού τες. / ***Μην του τις δώσεις.***

1. Πες κάτι στην Μαρία και στην Ελένη.

____________________ / ____________________

2. Τηλεφωνήστε στα παιδιά να έρθουν στο πάρτυ.

____________________ / ____________________

3. Ασε τις βαλίτσες εδώ.

____________________ / ____________________

4. Απάντησε στον Γιώργο αμέσως.

____________________ / ____________________

5. Ρίξτε το λάδι και το ξύδι στη σαλάτα.

____________________ / ____________________

15

Αυτό είναι δικό σου πρόβλημα

Α. *Κλίνετε τον Παρατατικό των ρημάτων* χρειάζομαι και θυμάμαι.

βρισκόμουν	βρισκόμουνα	***χρειαζόμουν***	***θυμόμουν***
βρισκόσουν	βρισκόσουνα	__________	__________
βρισκόταν ***ή***	βρισκότανε	__________	__________
βρισκόμαστε	βρισκόμασταν	__________	__________
βρισκόσαστε	βρισκόσασταν	__________	__________
βρίσκονταν	βρισκόντουσαν	__________	__________

Β. *Απαντήστε τις ερωτήσεις.*

Μας θυμόσουν όταν έμενες στο Παρίσι; ***Ναι, σας θυμόμουν.***

1. Τι ώρα κοιμόσαστε εσείς όταν ήσασταν παιδιά; __________
2. Ενδιαφερόταν για το ποδόσφαιρο ο αδερφός σου; __________
3. Πώς αισθανόταν η γιαγιά σου χτες; __________
4. Γιατί βιαζόσασταν να φύγετε; __________
5. Γιατί δεν του μίλησες; Μήπως ντρεπόσουν; __________
6. Πόσα λεφτά χρειαζόσουν κάθε μήνα; __________

Γ. *Τελειώστε τις προτάσεις με Παρατατικό.*

Την ώρα που ***ετοιμαζόταν να βγει έξω την φώναξε η μητέρα της.*** (ετοιμάζομαι)

1. Από τις 3 ως τις 5 .... (βρίσκομαι)
2. Ολη τη μέρα χτες .... (σκέφτομαι)
3. Τους είδα καθώς .... (έρχομαι)
4. Πάντα φώναζε το γιατρό όταν.. (αισθάνομαι)
5. Οταν ήμουν μικρή .... (κοιμάμαι)
6. Πήγε στον μπακάλη γιατί .... (χρειάζομαι)
7. Η αδερφή της ποτέ δεν .... (ενδιαφέρομαι)

Δ. *Κλίνετε:*

Ενεστώτας	*Παρατατικός*	*Αόριστος*
ευχαριστιέμαι	***ευχαριστιόμουν***	***ευχαριστήθηκα***
________________	________________	________________
________________	________________	________________
________________	________________	________________
________________	________________	________________
________________	________________	________________

Ε. *Συμπληρώστε τα κενά με τα ρήματα στη παρένθεση στο σωστό τύπο.*

Βαρέθηκα αυτό το βιβλίο. Πότε επιτέλους θα τελειώσει; (βαριέμαι)

1. Μη του το πεις γιατί .... πολύ. (στενοχωριέμαι)
2. Μήπως ξέρεις πού ακριβώς..., (συναντιέμαι)
3. Ηταν φυσικό να μη θέλει κανένας να την κάνει παρέα. Δεν σταματούσε λεπτό .... Δεν .... με τίποτα. (παραπονιέμαι, ευχαριστιέμαι)
4. Αν πας μαζί τους .... Ολο για μόδα μιλάνε. (βαριέμαι)
5. Πηγαίνετε να δείτε αυτό το έργο. .... πολύ. (ευχαριστιέμαι
6. Πού ...., Μιχάλη; (γεννιέμαι)
7. Η γιαγιά μου .... πολύ που σας είδε. (ευχαριστιέμαι)
8. Πέρσι το χειμώνα .... κάθε Σάββατο και .... τάβλι. (συναντιέμαι, παίζω)

δικός μου - δικιά/η μου - δικό μου

Ζ. *Συμπληρώστε τα κενά με το σωστό τύπο, μαζί με το άρθρο, όπου χρειάζεται.*

Ο Κώστας δεν έχει ***δικό του*** αυτοκίνητο.

1. Εσύ θα καλέσεις .... φίλους και εγώ ....
2. Δεν θέλω να φοράς .... ρούχα.
3. Αννα, ... είναι αυτές οι φωτογραφίες ή του Θόδωρου;
4. Πάρε μαζί σου και τη φωτογραφική μηχανή, γιατί εγώ ξέχασα ....
5. Νομίζει πως .... γονείς δεν καταλαβαίνουν τίποτα.

Η. *Υποθετικός λόγος α!*

Αν + Υποτακτική	→	**Μέλλοντας**
Αν τελειώσει νωρίς,		***θα έρθει μαζί μας.***
1. Αν δω τον Κώστα,		______________________
2. Αν μπορέσουν να βρουν εισιτήριο,		______________________
3. Αν βαρεθώ,		______________________
Αν κοιμηθώ νωρίς,		θα σηκωθώ νωρίς.
4. ______________________,		θα σας περιμένω.
5. ______________________,		θα τους το πω εγώ.
6. ______________________,		θα στενοχωρηθούν που δεν θα σε δουν.

Αν + δεν + Υποτακτική

Θ. *Ξαναγράψτε τις προτάσεις στον αρνητικό τύπο*

Αν τον δω, θα του το πω.	***Αν δεν τον δω, δεν θα του το πω.***
1. Αν μου γράψεις, θα σου γράψω.	______________________
2. Αν πάει στο γιατρό, θα γίνει καλά.	______________________
3. Αν είμαι κουρασμένος, δεν θα έρθω .	______________________
4. Αν αργήσεις, δεν θα τους βρεις στο σπίτι.	______________________

Ι. *Γράψτε τον Παρατατικό και τη Δυνητική των ρημάτων.*

Ενεστώτας	*Παρατατικός*	***Δυνητική***
αγοράζω	***αγόραζα***	***θα αγόραζα***
1. μαγειρεύω	______________	______________
2. πηγαίνω/πάω	______________	______________
3. τρώω	______________	______________
4. ξέρω	______________	______________
5. μιλάω	______________	______________
6. ανησυχώ	______________	______________
7. σηκώνομαι	______________	______________
8. στενοχωριέμαι	______________	______________
9. είμαι	______________	______________

Κ. *Απαντήστε τις ερωτήσεις.*

Εσείς θα δουλεύατε και τις Κυριακές; ***Οχι, δεν θα δούλευα.***

1. Εσύ θα έτρωγες μόνη σου μία ολόκληρη πίτσα; __________
2. Θα πήγαινες σε ένα μπαρ μόνη σου μετά τις 12 το βράδυ; __________
3. Μα θα ερχόσασταν στο σπίτι μου χωρίς να μου τηλεφωνήσετε; __________
4. Θα δεχόσασταν λουλούδια από έναν άγνωστο; __________
5. Θα πηγαίνατε στη Σάμο αν σας καλούσαν; __________

Λ. *Συμπληρώστε τα κενά με Δυνητική.*

Θα μπορούσατε να μου δώσετε ένα ποτήρι νερό; (μπορώ)

1. .... ένα τσάι με λεμόνι χωρίς ζάχαρη. (θέλω)
2. .... να μου φέρετε ένα παγωτό; (μπορώ)
3. .... να σας κάνω μία ερώτηση. (θέλω)
4. .... να με βοηθήσετε λιγάκι ; (μπορώ)
5. .... ένα σουβλάκι με πίτα, χωρίς κρεμμύδι παρακαλώ. (θέλω)
6. .... να κάνετε λίγη ησυχία; (μπορώ)
7. ....να μου βάλετε λίγη ακόμα μαγιονέζα στο ψάρι ; (μπορώ)

Μ. ***Υποθετικός λόγος β!***

Αν + Παρατατικός ⟶ **Δυνητική**

Αν τελείωνε νωρίς, ***θα ερχόταν μαζί μας.***

1. Αν κέρδιζα το λαχείο, __________
2. Αν θυμόταν τα γενέθλιά της, __________
3. Αν τον παντρευόταν, __________
4. Αχ, αν ήταν Κυριακή, __________
5. __________ , θα βαριόντουσαν.
6. __________ , θα φεύγαμε αμέσως.
7. __________, θα τρελαινόμουν.
8. __________ , θα σου έδινα εγώ .
9. __________ , θα έπαιρνα ένα σουβλάκι με πίτα.

ΤΑΜΕΙΟ
ΣΗΜΕΡΑ
ΣΤΕΛΛΑ

Ν. 👁 *σελίδα 76. Τελειώστε την ιστορία.*

Προχτές το βράδυ ο Λάκης κι η Λέλα δεν έμειναν στο σπίτι τους. Αποφάσισαν να πάνε στον κινηματογράφο .

Ξ. *Συμπληρώστε τα κενά με ένα σωστό ρήμα.*

Πάντα, όταν ***έρχεται*** το καλοκαίρι, ... μια μεγάλη νοσταλγία για την παλιά μου γειτονιά. .... όλα εκείνα τα θερινά σινεμά, όπου ...., όλη η παρέα, σχεδόν κάθε βράδυ . ... στην πλατεία και .... , ποιό από όλα τα έργα θέλαμε .... Μερικές φορές το έργο δεν .... και τόσο καλό - μα δεν μας .... τη δροσιά, την παρέα μας, το φεγγάρι . ... όμορφα εκείνα τα καλοκαίρια ! Τώρα πια δεν . ... πολλά θερινά σινεμά - ούτε πολλές καλές ταινίες . ... κάπου ή και τις .... Κάθομαι και .... ώρες ώρες , μήπως .... παράξενη με τα χρόνια;

Ο. *Κλίνετε:*

	ενικός αριθμός	
ονομαστική:	***ο ζηλιάρης σύζυγος***	***η δική μου φωτογραφία***
αιτιατική:	______________	______________
γενική:	______________	______________
	πληθυντικός αριθμός	
ονομαστική:	______________	______________
αιτιατική:	______________	______________
γενική: .	______________	______________

Π. *Συμπληρώστε τα κενά με το σωστό τύπο των ουσιαστικών και των επιθέτων, μαζί με το άρθρο αν χρειάζεται.*

1. Οι μισθοί ***των υπαλλήλων*** αυτής .... είναι .... (***υπάλληλος, εταιρεία, χαμηλός***)
2. Πολλοί .... έρχονται κάθε χρόνο στην...........................γιατί έχει πολλά ωραία .... (***τουρίστας, Ελλάδα, μέρος***)
3. Στην .... του, είπε ...., δεν πρέπει να τρώει .... αλάτι, ούτε να βάζει .... ζάχαρη στον καφέ του. (***κατάσταση, γιατρός, πολύς, πολύς***)
4. Το Σάββατο έχει δύο .... αλλά εμείς δεν έχουμε .... ούτε για τη μία ούτε για την .... (***παράσταση, εισιτήριο, άλλος***)
5. Δεν μου αρέσει .... αυτής .... (***χρώμα, φούστα***)
6. "Δεν ακούω τίποτα" είπε ο κύριος Παπάς στους..................... του. "Είστε όλοι σας .... και .... (***γιος, τεμπέλης, ανεύθυνος***)
7. Συναντήσαμε την .... μας στην .... του .... χώρου. (***ξεναγός, είσοδος, αρχαιολογικός***)
8. Καλωσορίζουμε με .... χαρά τα .... του συλλόγου μας. (***πολύς, νέος, μέλος***)
9. Τους τσίμπησαν .... γιατί κοιμήθηκαν στο..................................... , κάτω από ένα .... (***κουνούπι, χώμα, πεύκο***)
10. Τι .... είναι αυτά, παιδί μου; Πού χτύπησες το χέρι σου; (***αίμα***)

16 Τα μάθατε;

Α. *Ενεστώτας*	*Αόριστος*	
γυρίζω	***γύρισα***	***-ίζω, -ισα***
1. ________	________	
2. ________	________	
θυμώνω	***θύμωσα***	***-ώνω, -ωσα***
3. ________	________	
4. ________	________	
χορεύω	***χόρεψα***	***-εύω, -εψα***
5 ________	________	
6. ________	________	
ρωτάω	***ρώτησα***	***-άω, -ησα***
7. ________	________	
8 ________	________	
οδηγώ	***οδήγησα***	***-ώ, -ησα***
9. ________	________	
10. ________	________	
ντύνομαι	***ντύθηκα***	***-νομαι, -θηκα***
11. ________	________	
12. ________	________	
κουράζομαι	***κουράστηκα***	***-ζομαι, -στηκα***
13. ________	________	
14. ________	________	
ευχαριστιέμαι	***ευχαριστήθηκα***	***-ιέμαι, -ήθηκα***
15. ________	________	
16. ________	________	

B. Υποθετικός λόγος

Ι. *Αλλάξτε τις προτάσεις από τον α ! στον β ! τύπο.*

Αν τον δω, θα του δώσω τα βιβλία.

Αν τον έβλεπα, θα του έδινα τα βιβλία

1. Αν θέλει κι άλλο παγωτό, θα μου το πει.

____

2. Αν δεν μπορεί να κατεβεί αυτή, θα ανεβώ εγώ να της φέρω τα πράγματα.

____

3. Αν θυμηθώ τα λόγια του τραγουδιού, θα σας το τραγουδήσω.

____

4. Αν το ξέρει, θα το γράψει.

____

5. Αν φάμε πολύ, δεν θα μπορέσουμε να γυμναστούμε.

____

6. Θα ευχαριστηθεί πολύ αν έρθεις.

____

7. Θα κουραστείτε πολύ αν ταξιδέψετε νύχτα.

____

ΙΙ. *Αλλάξτε τις προτάσεις από τον **б!** στον **α !** τύπο.*

Αν τον έβλεπα, θα του έδινα τα βιβλία.

Αν τον δω, θα του δώσω τα βιβλία.

1. Αν με ρωτούσαν, θα τους απαντούσα.

____

2. Αν κουραζόμουν, θα σταματούσα το διάβασμα.

____

3. Αν έβρισκα το τηλέφωνό τους, θα τους τηλεφωνούσα.

____

4. Αν γεννιόταν αγόρι θα το βάφτιζαν Οδυσσέα, το όνομα του Ελύτη.

____

Γ. *Ενεστώτας* *Συνεχής Προστακτική*

	Κατάφαση	*Αρνηση*
διαβάζω	***διάβαζε - διαβάζετε***	***(να) μην διαβάζεις - μην διαβάζετε***
1. βλέπω	______________	______________
2. τρώω	______________	______________
3. ρωτάω	______________	______________
4. σταματάω	______________	______________
5. πηγαίνω	______________	______________
6. παίρνω	______________	______________
7. περνάω	______________	______________

Δ. *Συμπληρώστε τα κενά με Συνεχή Προστακτική.*

Περίμενε ένα λεπτό βρε Σοφία. Σε ένα λεπτό τρώμε. (περιμένω)

1. .... τουλάχιστον ένα μήλο την ημέρα. (τρώω)

2. Παιδιά, ... καλά τα παράθυρα (κλείνω,

και .... την πόρτα πριν φύγετε . κλειδώνω)

3. Ισαβέλλα, ... μου λίγο πιο συχνά . (τηλεφωνώ)

4. Εμπρός .... παρακαλώ. (λέω)

5. .... προσεχτικά τι σου λένε οι μεγαλύτεροι σου. (ακούω)

6. .... πώς οδηγείς! (προσέχω)

7. .... μπροστά σου γιατί θα πέσεις. (κοιτάω)

Ε. *Συμπληρώστε τα κενά με Συνεχή Προστακτική στον αρνητικό τύπο (= Συν. Υποτακτική).*

Μην περιμένεις ποτέ βοήθεια από κανέναν, Ελένη μου. (περιμένω)

1. .... πια, βρε Ειρήνη μου. (γκρινιάζω)

2. Παιδιά, ... ποτέ χωρίς να σας ρωτήσουν . (μιλάω)

3. .... με άδειο στομάχι. (πίνω)

4. .... όλες τις διαφημίσεις, βρε Λέλα, και (πιστεύω,

.... όλη την ώρα οδοντόκρεμες. Ολες την ίδια δουλειά κάνουν. (αλλάζω)

5. Γιωργάκη , Μαρία, ... έξω χωρίς τις ζακέτες σας. (βγαίνω)

6. Και, σας παρακαλώ, ... ποτέ μετά τις 11 το βράδυ. (τηλεφωνώ)

Z. *σελίδα 82*

I. Τι *θα μπορούσε να διαφημίζει αυτό το σκίτσο; Διακοπές; Αυτοκίνητο; Ρούχα;*

Από τι το καταλαβαίνετε;

II. *Γράψτε δύο διαφορετικές διαφημίσεις.*

Η. *Συμπληρώστε τα κενά με Συνεχή Προστακτική ή Προστακτική.*

α. ***Μάζευε*** κάπου κάπου τα βιβλία σου Μαρίνα. (μαζεύω)

β. Μαρίνα, ***μάζεψε*** όλα ταβιβλία σου πριν κοιμηθείς.

1. α. .... τα παράθυρα κάθε πρωί. (ανοίγω)

   β. .... τα παράθυρα. Κάνει πολλή ζέστη σήμερα.

2. α. Αννα, ... την πόρτα. (κλειδώνω)

   β. .... πάντα την πόρτα πριν φύγεις.

3. α. .... εσύ τα λουλούδια . Δεν έχω καιρό. (ποτίζω)

   β. .... τα λουλούδια κάθε δύο μέρες το καλοκαίρι.

4. α. .... πάντα τη μητέρα σας . (βοηθάω)

   β. .... τη μητέρα σας να σηκώσει τη βαλίτσα.

Θ. *Γράψτε τη Μετοχή των ρημάτων.*

γράφω	***γράφοντας***	μιλάω	***μιλώντας***
1. αλλάζω	__________________	5. περνάω	__________________
2. ταξιδεύω	__________________	6. προτιμάω	__________________
3. κλειδώνω	__________________	7. μπορώ	__________________
4. τρώω	__________________	8. ανησυχώ	__________________

Ι. *Συμπληρώστε με Μετοχή.*

Πέρασαν το βράδυ τους ***κουβεντιάζοντας*** για τη μόδα και τις διάφορες δίαιτες. (κουβεντιάζω)

1. Της αρέσει να περνά τα καλοκαίρια της .... (ταξιδεύω)

2. Στενοχωρήθηκα πολύ .... τα νέα τους. (μαθαίνω)

3. .... πας στην Πόλη. (ρωτάω)

4. Κάθισαν μπροστά στο τζάκι .... ουζάκι , (πίνω,

   .... φυστίκια και .... αστεία. τρώω, λέω)

5. .... έρχεται η όρεξη. (τρώω)

6. Κρύωσε γιατί βγήκε έξω .... μόνο ένα πουκάμισο. (φοράω)

7. Περνάει όλο το πρωί στη παραλία .... (κολυμπάω,

   και .... μπάλα. παίζω)

Κ. *Αλλάξτε τα αντικείμενα -ουσιαστικά με αντωνυμίες.*

Θυμηθείτε

Μετοχή + Αντωνυμία
βλέπον<u>τάς τες</u>

Ανησύχησα βλέποντας τις αδερφές μου τόσο κουρασμένες.

Ανησύχησα βλέπον<u>τάς τες</u> τόσο κουρασμένες.

1. Κοίταζε τις βιτρίνες περιμένοντας την Ελένη.

___

2. Ηρθε πριν τις 10, φέρνοντας τις φωτογραφίες.

___

3. Εμεινα εκεί πάνω από δύο ώρες, μιλώντας στην Αννα για τα παλιά.

___

4. Χαμογέλασε δίνοντας στον Κώστα το βιβλίο.

___

5. Ανησύχησα πολύ μη βρίσκοντας το Χρήστο στο σπίτι.

___

Λ. *Συμπληρώστε τον πίνακα:*

1. *Ενεστώτας:* ***παίζω***

Συν. Μέλλοντας: ....

Συν. Υποτακτική: ....

Συν. Προστακτική: ....

Παρατατικός: ....

Δυνητική: ....

Μετοχή: ....

Θέμα:. ....

Αόριστος: ***έπαιξα***

Μέλλοντας: ....

Υποτακτική: ....

Προστακτική: ....

Παρακείμενος: ....

Υπερσυντέλικος: ....

Θέμα: ....

2. *Ενεστώτας:* ***θυμάμαι***

Συν. Μέλλοντας: ....

Συν. Υποτακτική: ....

Παρατατικός: ....

Δυνητική: ....

Θέμα:. ....

Αόριστος: ***θυμήθηκα***

Μέλλοντας: ....

Υποτακτική: ....

Παρακείμενος: ....

Υπερσυντέλικος: ....

Θέμα: ....

Μ. *Γράψτε τον πληθυντικό.*

Ενικός αριθμός	*Πληθυντικός αριθμός*
η ενδιαφέρουσα διάλεξη	***οι ενδιαφέρουσες διαλέξεις***
1. τον παλιό χάρτη	______________________
2. ο ευγενικός ταξιτζής	______________________
3. τον δικό μου άνθρωπο	______________________
4. το ωραίο μέρος	______________________
5. ο καλός παππούς	______________________
6. το τεμπέλικο σκυλί	______________________
7. την ξανθιά κοπέλα	______________________
8. της δύσκολης ερώτησης	______________________
9. του ακριβού διαμερίσματος	______________________
10. της ελληνίδας ξεναγού	______________________
11. η βαρετή ομιλία	______________________

Ν. *Συμπληρώστε τα κενά με μία σωστή λέξη.*

Οι διαφημίσεις παίζουν ένα μεγάλο ***ρόλο*** στη ζωή μας. Τις βλέπουμε κάθε μέρα στους .... και στην τηλεόραση, τις διαβάζουμε στις .... και τις ακούμε στο .... Ακόμα και όταν δεν μας ενδιαφέρουν τα .... που διαφημίζονται, κάτι από την εικόνα, το χρώμα, τη μουσική της .... μένει στο .... μας. Το γούστο μας .... · μερικές καινούργιες .... μπαίνουν, ... να το θέλουμε, στη .... μας και στη ζωή μας. Είναι ένα .... υπνωτισμού.

" .... τσιγάρα ΠΑΦ - ΠΟΥΦ. Τα τσιγάρα του .... ανθρώπου ".

" Κολώνια ΜΠΟΥΜ . Η κολώνια με τη .... προσωπικότητα ".

" Αχ ! Αχ ! Το άρωμα που ξυπνάει το .... των φίλων σας".

Και αν εσείς κι εγώ θέλουμε να .... επιτυχημένοι, με δυνατή ...., έξυπνοι , όμορφοι, ... να δοκιμάσουμε το θαύμα που μας .... η διαφήμιση. Το υπόσχεται σε μας και μόνο. Είναι το μικρό .... που .... τους δρόμους της πόλης μας. Και τα όνειρά μας.

15, 16 Επανάληψη

Α. *Συμπληρώστε τον πίνακα.*

	Ενεστώτας	*Παρατατικός*	*Αόριστος*	*Υπερσυντέλικος*
	κατεβαίνεις	κατέβαινες	***κατέβηκες***	***είχες κατεβεί***
1.	______	______	μπήκαμε	______
2.	προσέχουν	______	______	______
3.	______	______	______	είχατε βρει
4.	______	______	παραπονέθηκε	______
5.	______	γινόσουν	______	______
6.	κάθεται	______	______	______
7.	______	______	______	είχαν αποφασίσει
8.	______	μαθαίναμε	______	______
9.	______	______	διάλεξα	______
10.	ανεβαίνει	______	______	______
11.	______	______	______	είχε χρειαστεί
12.	______	κλείδωναν	______	______

Β.

Ενεστώτας	*Αόριστος*		*Ενεστώτας*	*Αόριστος*
ανοίγω	***άνοιξα***		6. προσέχω	______
1. διαλέγω	______		7. τρέχω	______
2. αλλάζω	______		8. δείχνω	______
3. κοιτάζω/κοιτάω	______		9. φτιάχνω	______
4. φωνάζω	______		10. ρίχνω	______
5. παίζω	______	*και*	11. βρέχει	______

-ξα

Γ. *Συμπληρώστε τα κενά με ένα από τα ρήματα της άσκησης* Β *στο σωστό τύπο.*

Ετρεξα αμέσως στη στάση, αλλά το λεωφορείο είχε φύγει.

1. .... μου τις φωτογραφίες που βγάλατε στη Δήλο.

2. Πήγε στο κομμωτήριο .... τα μαλλιά της.

3. .... το γκαρσόνι να τους φέρει το λογαριασμό.

4. Μήπως μπορείτε .... μου .... ένα πεντοχίλιαρο;

5. Πρέπει .... λίγο το φαγητό σου, Δήμητρα. Εχεις πίεση.

6. Αχ, τι ωραία ! .... το πρωί και ποτίστηκαν όλα τα λουλούδια .

7. Ηταν τόσο ωραία όλα τα μπλουζάκια που δεν ήξερα ποιό ....

Δ. *Διαλέξτε το σωστό ρήμα και συμπληρώστε τα κενά με Προστακτική.*

(συμπληρώνω, διαλέγω, γράφω, βρίσκω, αλλάζω,✓ κλίνω, τελειώνω, απαντάω, βάζω)

Κλίνετε τα ρήματα.

1....................................... τη σωστή λέξη.

2. .... τα κενά.

3. .... τα αντίθετα.

4. .... τις ερωτήσεις.

5. .... τα ρήματα στο σωστό τύπο.

6. .... τις προτάσεις.

7. .... τις προτάσεις στον αρνητικό τύπο.

8. .... τους τόνους.

Ε. *Βάλτε τα ρήματα που ακολουθούν στη σωστή θέση.*

είχαν βαρεθεί,* *θα φορούσες, να ξυπνάς, συμπληρώστε, θα σκεφτώ, τρέχοντας, ρώτα, έχει βγει, θα γυμνάζεσαι, έγινε, συναντιόνταν, χαίρονται, να φανταστείτε*

Ενεστώτας: ....

Συν. Μέλλοντας: ....

Συν. Υποτακτική: ....

Συν. Προστακτική:..

Παρατατικός: ....

Δυνητική: ....

Μετοχή : ....

Αόριστος: ....

Μέλλοντας: ....

Υποτακτική: ....

Προστακτική: ....

Παρακείμενος: ....

Υπερσυντέλικος: ***είχαν βαρεθεί***

Ζ. *Συμπληρώστε τις προτάσεις.*

Ενδιαφέρομαι **για** ***το θέατρο.***

1. Ερχομαι **από** ....
2. Συναντήθηκα **με** ....
3. Μιλούσε **σε/με** ....
4. Τηλεφωνησα **σε** ....
5. Εφυγαν **για** ....
6. Εξαρτάται **από** ....
7. Εφυγε **από** ....
8. Βγες **από** ....
9. Μπήκε **σε** ....
10. Ανέβηκε **σε** ....
11. Κατέβα **από** ....
12. Μοιάζει **σε**. ....
13. Ταξίδεψε **με** ....

Η. *Συμπληρώστε τα κενά με την Προστακτική των ρημάτων και διαβάστε το σημείωμα που άφησε η κυρία Αντιγόνη στην κυρία Βάσω, που την βοηθάει στις δουλειές του σπιτιού.*

Καλημέρα, κυρία Βάσω. Εχουμε αρκετή δουλειά σήμερα. Παρακαλώ πολύ:

1. ***Σκουπίστε***, ... και .... καλά το καθιστικό, γιατί περιμένω φίλους το βράδυ.(***σκουπίζω, σφουγγαρίζω , συγυρίζω***)
2. Η κρεβατοκάμαρά μου είναι καθαρή. .... την μόνο και .... τα παράθυρα. (***ξεσκονίζω, ανοίγω***)
3. .... καλά το μπάνιο και την κουζίνα. (***καθαρίζω***)
4. .... τα ρούχα που είναι στην ταράτσα και ....το μαύρο μου μεταξωτό πουκάμισο. (***μαζεύω, σιδερώνω***)
5. .... τα λουλούδια, και φεύγοντας .... έξω τα σκουπίδια. (***ποτίζω, βγάζω***)

Εχω αφήσει τα λεφτά σας σε ένα φάκελο, στο τραπεζάκι, δίπλα στο τηλέφωνο. Στο ψυγείο θα βρείτε ψητό κοτόπουλο, τυρί και ντομάτες. Μην ξεχάσετε να φάτε. Σας ευχαριστώ πολύ. Θα σας δω την άλλη Πέμπτη.

Θ. *Αντίθετα*

χαλάω ***φτιάχνω***

1. ξεκουράζομαι ____________________
2. μπαίνω ____________________
3. ανεβαίνω ____________________
4. χάνω ____________________
5. κρυώνω ____________________
6. ξεχνάω ____________________
7. ρωτάω ____________________
8. κοιμάμαι ____________________
9. έρχομαι ____________________

I. *Διαλέξτε τη σωστή λέξη.*

Δεν της αρέσει να δουλεύει. Είναι πολύ ***τεμπέλα.***

α. γκρινιάρα β. πεισματάρα (γ.) τεμπέλα

1. Το αυτοκίνητο έτρεχε με μεγάλη ....

α. δύναμη β. ταχύτητα γ. τεχνολογία

2. Το πιο σημαντικό .... του νησιού είναι το λάδι.

α. προϊόν β. πράγμα γ. φυτό

3. Το επάγγελμα του φαρμακοποιού έχει μεγάλη ....

α. οικονομία β. ευθύνη γ. περιπέτεια

4. Κάθε καλοκαίρι πήγαιναν στην .... με τους γονείς τους.

α. γειτονιά β. εποχή γ. εξοχή

5. Είναι εργάτης και δουλεύει σε ένα ....

α. εργοστάσιο β. κατάστημα γ. σχολείο

6. .... συνέχεια προβλήματα στη δουλειά της.

α. χρειάζεται β. γεμίζει γ. δημιουργεί

7. Το ασανσέρ δε λειτουργεί. Εχει ....

α. διακοπές β.ασφάλεια γ. βλάβη

8. Είναι άνθρωπος με δυνατή ....

α. καριέρα β. προσωπικότητα γ. κολώνια

9. Παραπονιούνται όλη την ώρα . Είναι ....

α. κουτσομπόληδες β. γκρινιάρηδες γ. ζηλιάρηδες

10. Αύριο θα μάθει τα .... των εξετάσεων.

α. δέματα β. αποτελέσματα γ. γράμματα

11. Υπάρχει σκληρός .... αυτήν την εποχή.

α. ανταγωνισμός β. χειμώνας γ. αυτοματισμός

12. Κλείδωσαν καλά την πόρτα πριν ....

α. έφυγαν β. φύγουν

13. Θέλω να συναντηθούμε αύριο, πριν .... με τον κύριο Παπά.

α. μιλήσεις β. να μιλήσει

14. Θα του το πω μόλις τον ....

α θα δω β. δω

15. Ποιός είναι εκείνος ο κύριος .... μιλάει με την Ελένη.

α. που β. πού

16. Λέει .... θα γυρίσει μετά τις 12.

α. που β. ότι

17. Δεν θυμάμαι .... την λένε.

α. πως β. πώς

18. Δεν μένουν .... στην Αθήνα.

α. ποιά β. πια

19. Ηταν ο .... αφηρημένος άνθρωπος του κόσμου.

α. ποιό β. πιο

20. Ποιόν θέλεις ; .... ;

α. εμένα β. εγώ

21. Μπορείς να .... τηλεφωνήσεις αύριο;

α. μου β. με

22. Δεν τους αρέσει .... με τραίνο.

α. να ταξιδεύουν β. να ταξιδέψουν

23. Σας αρέσει .... ;

α. η κλασική μουσική β. την κλασική μουσική

24. .... ξέρετε τι ώρα φεύγει το λεωφορείο;

α. Μήπως β. Ισως

25. .... πάμε στον κινηματογράφο απόψε.

α. Μήπως β. Ισως

26. Αννα, θέλεις .... μαζί μας;

α. να έρθεις β. να πας

27. Αννα, θέλεις .... μαζί τους;

α. να έρθεις β. να πας

28. .... ένα ποτήρι γάλα κάθε πρωί.

α. Πίνουν β. Πεινάνε

29. Πώς .... χτες στο πάρτυ;

α. περάσατε β. πήρατε

30. Μόλις έφυγε και θα γυρίσει σε 10 ....

α. λεφτά β. λεπτά

31. Αγόρασαν ένα μεγάλο .... της Ευρώπης.

α. χάρτη β. χαρτί

32. Μου δίνεις ένα μικρό ...., να γράψω τον αριθμό του τηλεφώνου σας;

α. χάρτη β. χαρτί

33. Εχω να κάνω .... για το μάθημα της Ιστορίας.

α. μία εργασία β. ένα χαρτί

34. Κάνει πολλή .... σήμερα.

α. ζεστή β. ζέστη

35. Μήπως ξέρετε .... ξενοδοχείο εδώ κοντά;

α. κανένα β. κάποιο

36. Δεν θα πάω .... απόψε.

α. πουθενά β. κάπου

37. .... τον δεις, πες του να έρθει στο γραφείο μου.

α. Οταν β. Πότε

38. Εγώ .... δεν θα μιλούσα έτσι στη μητέρα μου.

α. πότε β. ποτέ

39. Εχω κλείσει .... σε ένα πολύ ακριβό γαλλικό εστιατόριο.

α. τράπεζα β. τραπέζι

40. Ορίστε τα .... σας από το πεντοχίλιαρο. Τρείς χιλιάδες δραχμές.

α. ψιλά β. ρέστα

41. Τα ποτηράκια του κρασιού είναι ...., κοντά στο παράθυρο.

α. στη ντουλάπα β. στο ντουλάπι

42. Το παλτό σου είναι .... Δεν το βλέπεις;

α. στη ντουλάπα β. στο ντουλάπι

43. Τηλεφώνησε ο Αλέκος και .... πότε θα γυρίσεις.

α. ρώτησε β. ζήτησε

44. Τηλεφώνησε ο Αλέκος και .... τη διεύθυνση της Λέλας.

α. ρώτησε β. ζήτησε

Ο αστερίσκος * *σημαίνει ότι υπάρχουν και άλλες σωστές απαντήσεις. Όταν βρίσκεται στην αρχή μιάς άσκησης (Α*) είναι για ολόκληρη την άσκηση. Όταν βρίσκεται σε μία πρόταση (1*) ή σε μία λέξη (πήγα*) είναι για εκείνη την περίπτωση μόνο.*

Λύσεις

9

σελίδα 5

Α δεν ήσουν .. δεν δούλεψες / δεν ήταν .. δεν δούλεψε / δεν ήμαστε/ήμασταν .. δεν δουλέψαμε / δεν ήσαστε(ήσασταν) .. δεν δουλέψατε / δεν ήταν .. δεν δούλεψαν (δουλέψανε)

Β * 1. Ναι, δούλεψαν πολύ. 2. Με περίμενε στην πλατεία. 3. Ηταν πολύ καλά. Ευχαριστώ 4. Διαβάσαμε τρεις ώρες 5. Γύρισα στις 7 και μισή. 6. Αρχισε στις οκτώ και τέταρτο. ||
7. Γύρισες νωρίς; 8. Ψωνίσατε μπύρες και κρασί; 9. Τι ώρα τελείωσε το έργο; 10. Ησουν μόνος σου; 11. Πού ήταν τα παιδιά; 12. Ποιός μαγείρεψε χτες; 13. Τι ώρα άρχισε η παράσταση; 14. Πλήρωσες το λογαριασμό; 15. Τι αγόρασαν για την Ελένη;

σελίδα 6

Γ Θα αρχίσεις.. δεν θα τελειώσεις / Θα αρχίσει .. δεν θα τελειώσει / Θα αρχίσουμε.. δεν θα τελειώσουμε / Θα αρχίσετε.. δεν θα τελειώσετε / Θα αρχίσουν.. δεν θα τελειώσουν

Δ * 1. Θα ψωνίσω αυγά και τυρί. 2. Θα μαγειρέψω κοτόπουλο με ρύζι. 3. Θα γυρίσει την Κυριακή. 4. Θα αρχίσει στις 6: 30 το απόγευμα. 5. Ναι, θα δουλέψουμε/δουλέψετε και αύριο. 6. Οχι, δεν θα τελειώσουμε πριν τις 5. 7. Ναι, θα πληρώσουμε εμείς. 8. Θα χορέψω μαζί σας με μεγάλη μου χαρά. 9. Θα διαβάσουν τρεις ώρες. || 10. Θα δουλέψουν και το απόγευμα; 11. Ποιός θα πληρώσει σήμερα; 12. Πού θα είσαι το Σαββατοκύριακο; 13. Τι θα ψωνίσουν για το πάρτυ; 14. Θα γυρίσετε νωρίς; 15. Τι ώρα θα τελειώσετε τη δουλειά σας;

σελίδα 7

Ε 1. ψώνισε - θα ψωνίσει 2. αρχίσατε - θα αρχίσετε 3. δουλέψαμε - θα δουλέψουμε 4. μαγείρεψα - θα μαγειρέψω 5. πλήρωσες - θα πληρώσεις 6. τελείωσαν - θα τελειώσουν

Ζ Δεν είχες .. πήρες / Δεν είχε .. πήρε / Δεν είχαμε .. πήραμε / Δεν είχατε .. πήρατε / Δεν είχαν .. πήραν

Η 1. Τις είδα χτες το απόγευμα. 2. Ναι, το είπα. 3. Οχι, δεν πήρε 4. Ναι, τον κατάλαβαν || 5. Είπες στην Αννα

για το πάρτυ; 6. Πήγε μόνος του στην Αίγινα; 7. Γιατί δεν πήγατε μαζί τους στο ζαχαροπλαστείο; 8. Πότε πήραν τα εισιτήρια;

σελίδα 8

Θ 1. Δεν θα τους περιμένουν.. 2. .. δεν ήταν .. 3. .. δεν θα το πουν.

Ι 1. θα πας - θα πάτε 2. θα δεις - θα δείτε 3. θα πάρεις - θα πάρετε 4. θα έχεις - θα έχετε 5. θα πεις - θα πείτε 6. θα δουλέψεις - θα δουλέψετε

Κ* 1. Οχι, δεν θα τον δει. 2. Ναι, θα πάνε. 3. Οχι, δεν θα έχουμε καιρό αύριο. 4.Ναι, ευχαριστώ, θα πάρω ένα ουίσκυ με πάγο. 5. Μαρία Παπαδημητρίου. || 6 .Πότε θα δεις τον καθηγητή σου; 7. Ποιός θα πάρει το αυτοκίνητο; 8. Θα πάνε μόνοι τους διακοπές; 9. Θα είναι στην Αθήνα το Σαββατοκύριακο;

σελίδα 9

Λ* 1. ..αργά 2. .. στη στάση. 3. .. έναν καφέ μέτριο. 4. .. στην Αθήνα. 5. .. πολύ. 6. .. στο θέατρο. 7. .. ένα αυτοκίνητο. 8. .. από την Θεσσαλονίκη. 9. .. αρνάκι λεμονάτο με πατάτες. 10. .. το ηλεκτρικό και το νερό. 11. .. στο Μέγαρο Μουσικής. 12. .. μια κωμωδία με τον Τζακ Λέμον.

Μ 1. κοιμούνται 2. *πήρα .. πήγα 3. ψωνίζουμε 4. ήσουν 5. *περιμέναμε 6. θα δείτε 7. Θα μαγειρέψεις 8. Θα πληρώσω 9. σηκώνεται 10. φεύγεις 11. σηκώνεστε

σελίδα 12

Ξ 1. Ναι, τους πήρα. 2. Ναι, τον θυμάμαι. 3. Οχι, δεν τους ξέρω. 4. Θα την περιμένουμε στην τάξη μας. 5. Ναι, τις σκέφτονται πολύ. 6. Ναι, τον πλήρωσα. 7. Ναι, την πλήρωσα.
8. Ναι, τα τρώω. 9. Οχι, δεν τα αγόρασα. 10. Ναι , τα μαγείρεψα. 11. Ναι, τα πήρα.

Ο νάτοι - νάτους || νάτη - νάτες - νάτες || νάτο-νάτα-νάτα

σελίδα 13

Π 1. Από πού πήρες αυτήν την ωραία κάρτα; 2. Αγόρασε έναν μεγάλο χάρτη. 3. Ο σκύλος είναι έξυπνο ζώο. 4. Το μαθήμα άρχισε στις 9:00 το πρωί και τελείωσε... 5. Χτες περίμενα έναν παλιό καλό μου φίλο. 6. Διάβασε τον κανόνα και τον κατάλαβε.

Ρ II. 1. θα ψωνίσετε 2. περιμένετε 3. έρχεται 4. σκέφτεται 5. θα πληρώσετε 6. πλένεται 7. έχετε

10

σελίδα 14

Α έστειλες - έστειλε - στείλαμε - στείλατε - έστειλαν/στείλανε || ήξερες - ήξερε - ξέραμε - ξέρατε - ήξεραν \ξέρανε || θα στείλεις - θα στείλει - θα στείλουμε - θα στείλετε - θα στείλουν || θα γράψεις - θα γράψει - θα γράψουμε - θα γράψετε - θα γράψουν

Β * 1.Ναι, έπαιξα. 2 Φτάσαμε στις 3:00 το μεσημέρι . 3. Ναι, το έφαγε (όλο) . 4. Ναι, τα έφερε. 5. Με ήθελε ο Κώστας. || 6. Εδωσες τη διεύθυνσή σου στον Πέτρο; 7. Κάνατε μάθημα χτες; 8. Ηξεραν ρωσικά; 9. Μείνατε στην Αθήνα το Σαββατοκύριακο;

Γ 1. Ναι, θα στείλω. 2. Ναι, θα παίξει (μαζί μας). 3.* Θα φτάσουμε στις 9 το πρωί. 4. Θα τα δώσουμε στον κύριο Παπά. || 5. Τι θα στείλεις στην Αλίκη; 6. Τι θα φέρουν; 7. Τι θα παίξετε;

σελίδα 15

Δ πίνεις - πίνει - πίνουμε - πίνετε - πίνουν || ήπιες - ήπιε - ήπιαμε - ήπιατε - ήπιαν/ήπιανε || θα πιεις - θα πιει - θα πιούμε - θα πιείτε - θα πιουν

γίνεσαι - γίνεται - γινόμαστε - γίνεστε - γίνονται || έγινες - έγινε - γίναμε - γίνατε - έγιναν/γίνανε || θα γίνεις - θα γίνει - θα γίνουμε - θα γίνετε - θα γίνουν

Ε * 1. Ναι, κάθομαι εδώ, πολύ κοντά. 2. Οχι, δεν έγιναν ακόμη. 3. Ναι, θα έρθουμε . 4. Τα έβαλα πάνω στο τραπέζι . 5. Οχι, δεν έμαθα τίποτα. Τι έγινε; 6. Θα πιω μόνο νερό, ευχαριστώ. 7. Ναι, το ήπιαν όλο. 8. Ναι, βάζω, αλλά όχι πολύ.

σελίδα 18

Η 1. Την βλέπω κάθε Τρίτη. 2. Δεν τον ήξεραν. 3. Θα τις περιμένουν. 4. Τις ρωτάει. 5. Θα τους πάρουμε στο τηλέφωνο. 6. Τους αγαπάς όλους; 7. Τις ξέρεις όλες;

8. Της τηλεφωνούν κάθε Τρίτη. 9. Δεν του αγόρασαν τίποτα. 10. Τους μιλάνε. 11. Τους απαντάει.

12. Τους τηλεφωνούμε. 13. Θα τους πεις για το πάρτυ; 14. Τους έγραψες;

σελίδα 19

Θ * 1. Ναι, τα μάθαμε. 2. Οχι, δεν τους έγραψα. 3. Τους είπα την αλήθεια. 4. Ναι, θα τις περιμένω. || 5. Είδες τον Κώστα και το Νίκο; 6. Τηλεφωνούν στη γιαγιά τους και στον παππού τους; 7. Εσύ έφαγες τις πάστες; 8. Θα γράψεις στη θεία Μαρίκα; 9. Γράφεις συχνά στις φίλες σου;

Ι I. 1. Θυμούνται εμάς./Εμάς θυμούνται . 2. Ρωτάω εσένα./Εσένα ρωτάω. 3.Περιμένει εμένα /Εμένα περιμένει

II. 1. Εσένα. 2. Αυτούς. 3. Εμάς. 4. Εσάς.

Κ I. 1. Εστειλαν τα βιβλία σε αυτόν 2. ..θα γράψει σε σας. 3. Γιατί δεν είπες τίποτα σε μας; 4. Τηλεφωνούν σε μας .

σελίδα 20

II. 1. Σε μας. 2. Σε μένα 3. Σε (ε)σάςκαι σε (ε)μάς.

Λ 1. Αυτούς .. 2. Αυτό .. 3. Εσάς ..4. Αυτές .. 5. Αυτά .. 6. Εσάς..

Μ 1.από .. για 2. χωρίς 3. από 4. με

Ν τον πιο καλό μαθητή - οι πιο καλοί μαθητές - τους πιο καλούς μαθητές || την ωραιότερη μέρα οι ωραιότερες μέρες - τις ωραιότερες μέρες

σελίδα 21

Ξ 1. πιο ψηλή / ψηλότερη 2. πιο λίγη / λιγότερη 3. πιο μικρή / μικρότερη 4. πιο πολύ / περισσότερο

Ο 1. η πιο έξυπνη / η εξυπνότερη 2. τον πιο καλό / τον καλύτερο 3. η πιο άσκημη / η χειρότερη 4.το πιο καλό / το καλύτερο .. το πιο όμορφο / το ομορφότερο

Π καμία / κανένα || κάποιοι - κάποιους/ κάποια- κάποιες-κάποιες / κάποιο -κάποια- κάποια

Ρ 1. Οχι, δεν ξέρω κανέναν. / Ναι, ξέρω κάποιον. 2. Οχι, δεν περιμένω καμία φίλη μου. / Ναι, περιμένω κάποια 3. Οχι, δεν υπάρχει κανένα .. / Ναι, υπάρχει κάποιο μικρό πρόβλημα.

σελίδα 22

4. Οχι, δεν έφαγα τίποτα. / Ναι, έφαγα κάτι. 5. Οχι, δεν κατάλαβαν τίποτα. / Ναι, κατάλαβαν κάτι.
6. Οχι, δεν μου είπε τίποτα. / Ναι, μου είπε κάτι.
* 7. Οχι, δεν διάβασαν καθόλου. / Ναι, διάβασαν αρκετά. 8 . Οχι, δεν ήπια καθόλου. / Ναι, ήπια λίγο.
9. Οχι, δεν χορέψα καθόλου. / Ναι, χορέψα πολύ.
10. Οχι, δεν τρώμε ποτέ. / Ναι, τρώμε κάπου κάπου. 11. Οχι, δεν μας τηλεφωνούν ποτέ. / Ναι, μας τηλεφωνούν συχνά. 12. Οχι, δεν πλένομαι ποτέ. / Ναι, πλένομαι κάπου κάπου. 13. Οχι, δεν πήγαμε ποτέ / Ναι, πήγαμε μια, δυο φορές. 14. Οχι, δεν χόρεψα ποτέ (μου) / Ναι, χόρεψα κάποτε. 15. Οχι, δεν έφαγα ποτέ (μου). / Ναι, έφαγα μία φορά.

9, 10

σελίδα 24

Α 1. βλέπετε - θα δείτε 2. έχουμε - είχαμε 3. πήγε - θα πάει 4. δίνεις - έδωσες 5. κλείνουν - θα κλείσουν 6. φέραμε - θα φέρουμε 7. τρώνε - έφαγαν 8. λέμε - είπαμε 9. παίρνω - θα πάρω 10. έβαλαν - θα βάλουν 11. πίνετε - ήπιατε

Β 1. κάρτες 2. παστίτσιο 3. το λεωφορείο 4. το παλτό 5. το πλοίο 6 τα ρέστα 7. το γκαρσόνι 8. τα φάρμακα 9. ελληνικά

σελίδα 25

Γ έρχεσαι - έρχεται - ερχόμαστε - έρχεστε* - έρχονται
ήρθες - ήρθε - ήρθαμε - ήρθατε - ήρθαν(ε) || θα έρθεις - θα έρθει - θα έρθουμε - θα έρθετε - θα έρθουν

Δ 1. βλέπεις-βλέπετε / είδες-είδατε / θα δεις-θα δείτε 2. κάνεις-κάνετε / έκανες-κάνατε / θα κάνεις-θα κάνετε 3. θέλεις-θέλετε/ ήθελες-θέλατε/ θα θέλεις-θα θέλετε 4. ξέρεις-ξέρετε/ ήξερες-ξέρατε/ θα ξέρεις-θα ξέρετε 5. έρχεσαι-έρχεστε / ήρθες-ήρθατε / θα έρθεις-θα έρθετε 6. πίνεις-πίνετε / ήπιες-ήπιατε / θα πιεις/ θα πιείτε

Ε 1. Θα καθίσουν .. 2. Πόσον καιρό κάθισες ..|| 3. Τι γίνεται .. 4.Τι γίνονται ..|| 5. Εγινε .. 6. Εγιναν

σελίδα 26

Ζ 1. *Εν.* Πίνετε *Αορ.* Ηπιατε 2. *Εν.* Μαθαίνουν *Μελ.* Θα μάθουν 3. *Αορ.* Εβαλε ..έκανε *Μελ.* Θα βάλει .. θα κάνει

Η 1. από 2. για 3. χωρίς 4. με ... 5. σε

Θ * 1. σας 2. μένα 3. μας 4. μένα 5. αυτήν 6. αυτόν 7 εσάς

σελίδα 27

Ι 1. την 2. το 3. τους 4. τις

Κ 1.τίποτα - κάτι 2. πουθενά - κάπου 3. ποτέ - * κάπου- κάπου ... 4 καθόλου - *λίγο ..5. κανένας -* ένας .. 6. καμία - * μια ..

Λ 1. *τίποτα 2. ποτέ 3. κάποιος 4. κάτι 5. κάπου 6. Κάποια

σελίδα 28

Μ 1. πιο έξυπνη/ εξυπνότερη - η πιο έξυπνη / η εξυπνότερη 2. πιο άσκημο / χειρότερο - το πιο άσκημο το χειρότερο 3. πιο καλές / καλύτερες - οι πιο καλές / οι καλύτερες 4. πιο ακριβοί/ ακριβότεροι οι πιο ακριβοί/ οι ακριβότεροι 5. πιο ψηλά / ψηλότερα - τα πιο ψηλά / τα ψηλότερα

N 1. πιο λεπτή / λεπτότερη ... πιο λίγα / λιγότερα 2. πιο πολλή / περισσότερη ... πιο πολλά / περισσότερα 3. το πιο ακριβό / το ακριβότερο .. το πιο γρήγορο/ το γρηγορότερο 4. πιο καθαρό / καθαρότερο

Ξ 1α., 2γ., 3β., 4α., 5α.

σελίδα 29

Ο άλλοι - άλλους || άλλη - άλλες - άλλες || άλλο - άλλα - άλλα

Π 1. όλο 2. όλη 3. όλους 4. όλες 5. όλο || 6. άλλη 7. άλλες 8. άλλο 9. άλλα 10. άλλους

Ρ 1. άλλη 2. όλοι 3. άλλη 4. άλλα 5. όλους

11

σελίδα 30

Α **I.** τον μήνα του μήνα - οι μήνες- τους μήνες - των μηνών || τον χάρτη -του χάρτη- οι χάρτες - τους χάρτες των χαρτών || το(ν) φίλο - του φίλου -οι φίλοι - τους φίλους - των φίλων

II. 1. του αριθμού-των αριθμών 2. του μαθητή - των μαθητών 3. του χειμώνα - των χειμώνων

Β **I.** τη(ν) γυναίκα - της γυναίκας - οι γυναίκες- τις γυναίκες- των γυναικών || την αδερφή-της αδερφής οι αδερφές-τις αδερφές- των αδερφών

σελίδα 31

II. 1. της χώρας - των χωρών 2. της δραχμής - των δραχμών 3. της ώρας - των ωρών

Γ **I.** το βιβλίο- του βιβλίου - τα βιβλία - τα βιβλία - των βιβλίων || το σπίτι - του σπιτιού - τα σπίτια - τα σπίτια των σπιτιών || το δέμα - του δέματος - τα δέματα - τα δέματα - των δεμάτων

II. 1. του τραπεζιού - των τραπεζιών 2. του ρήματος - των ρημάτων 3. του δώρου - των δώρων

Δ **I.** το(ν) γείτονα - του γείτονα - οι γείτονες - τους γείτονες - των γειτόνων || το πρόσωπο - του προσώπου τα πρόσωπα - τα πρόσωπα - των προσώπων

σελίδα 32

II. 1. του κατοίκου - των κατοίκων 2. του δωματίου - των δωματίων 3. του υπαλλήλου - των υπαλλήλων 4. του ονόματος - των ονομάτων 5. του Ελληνα - των Ελλήνων

Ε 1. του καθηγητή 2. της ξαδέρφης 3. του κυρίου.. της κυρίας 4. του Πέτρου .. του Παύλου 5. του χωριού 6. της ζωής 7. του θείου .. της θείας 8. των ματιών .. των μαλλιών 9. της αδερφής

Ζ 1. Νίκο 2. Θόδωρε 3. Ειρήνη 4. Μανώλη 5. Κώστα

σελίδα 33

Η Προσπαθείς να μάθεις- Προσπαθεί να μάθει- Προσπαθούμε να μάθουμε- Προσπαθείτε να μάθετε Προσπαθούν να μάθουν ||| Μπορεί να φύγεις - Μπορεί να φύγει.- Μπορεί να φύγουμε - Μπορεί να φύγετε ..- Μπορεί να φύγουν..

Θ * 1. Θέλω να έρθω μετά τις έξι. 2. Πρέπει να δουλέψουμε σχεδόν δύο ώρες 3. Λέμε να πάμε στο Μυστρά. 4. Εχουμε να διαβάσουμε πέντε σελίδες. 5. Θέλουμε να φάμε ντοματόσουπα.

Ι 1. Λέμε 2. Προσπαθώ 3. Μπορώ 4. Εχω 5. Πρέπει 6. Μπορεί

Κ 1. Να μην φύγουν .. 2. Να μην τους τηλεφωνήσω .. 3. Λέμε να μην μείνουμε .. 4. Λένε να μην ταξιδέψουν..

σελίδα 36

Μ 1. Προσπαθώ να τις πάρω στο τηλέφωνο .. 2. Λέω να μην το βάλω .. 3. Πρέπει να τους γράψεις .. 4. Μπορώ να το αφήσω ... 5. Δεν θέλω να τις φάω ..

Ν πονάς - πονάει (πονά) - πονάμε (πονούμε) - πονάτε, πονάν(ε) (πονούν) || μπορείς, μπορεί, μπορούμε, μπορείτε, μπορούν || μίλησε - μιλήσαμε - μιλήσατε - μίλησαν(μιλήσανε) || πείνασες κ.λπ. || θα μιλήσεις θα μιλήσει - θα μιλήσουμε - θα μιλήσετε - θα μιλήσουν || θα πεινάσεις κ.λπ.

σελίδα 37

Ξ 1. βοήθησα - θα βοηθήσω - να βοηθήσω 2. συνάντησα - θα συναντήσω - να συναντήσω 3. προσπάθησα - θα προσπαθήσω - να προσπαθήσω 4. συμφώνησα - θα συμφωνήσω - να συμφωνήσω 5. δίψασα - θα διψάσω να διψάσω 6. γέλασα - θα γελάσω - να γελάσω 7. χάλασα - θα χαλάσω - να χαλάσω 8. ξέχασα - θα ξεχάσω να ξεχάσω 9. πέρασα - θα περάσω - να περάσω 10. γέρασα - θα γεράσω - να γεράσω 11. πόνεσα - θα πονέσω - να πονέσω 12. μπόρεσα - θα μπορέσω - να μπορέσω 13. παρακάλεσα - θα παρακαλέσω - να παρακαλέσω 14. κάλεσα - θα καλέσω - να καλέσω

Ο * 1. Πέρασα πολύ ωραία. 2. Δυστυχώς δεν έχω ψιλά. 3. Τα ξέχασα στο γραφείο μου. 4. Θα σου τηλεφωνήσω στις 10 το βράδυ. 5. Ναι, θα μπορέσει. 6. Ναι, με βοήθησε η Αννα. 7. Ναι, ευχαριστώ. Αύριο όμως θα κερά σω εγώ 8. Σταματήσαμε στη σελίδα 137 9. Καλέσαμε πάνω από 100 φίλους μας.

σελίδα 38

Π 1. Θα περάσω 2*. πήρες 3. Πήραν 4. περάσατε 5. πήρες 6. περνάει

Ρ 1.* ζητάει - θα ζητήσει - να ζητήσει 2. *κερνάν - κέρασαν - θα κεράσουν 3.* συναντάμε - συναντήσαμε - να συναντήσουμε 4. κάλεσες - θα καλέσεις - να καλέσεις 5. περνάτε - περάσατε - να περάσετε 6. βοήθησα - θα βοηθήσω - να βοηθήσω 7. προσπαθούν - θα προσπαθήσουν - να προσπαθήσουν 8. συμφωνείτε - συμφωνήσατε - θα συμφωνήσετε 9. χαλάς - χάλασες - να χαλάσεις

σελλίδα 39

Σ 1. πολλοί 2. πολλοί/πολλούς 3. πολλές 4. πολύ 5. πολλές 6. πολλή 7. πολύ 8. πολύς 9. πολλή 10 πολύς 11. πολλή 12. πολύ 13. πολλά

Τ 1. πολύ .. πολλή 2. πολύ .. πολύ 3. πολλή ..πολύ 4. πολλή .. πολύ 5. πολύ ..πολύ 6. πολύ ..πολλή 7. πολλή ..πολύ 8. πολύ

12

σελίδα 40

Α 1. καθάρισε 2. μάζεψε 3. βάλτε 4. πέρασε 5. να φορέσεις 6. να γεμίσεις 7. να μάθετε 8. να γράψετε

Β 1. Συμπληρώστε 2. Ελα 3. Αφησε 4. Κέρασε 5. Αλλάξτε ... 6. Ξεχάστε ...

Γ 1. Μην φας 2. Μην βάλετε 3. Μην καθίσετε || 4. Τηλεφωνήστε 5. Πιες κάτι 6. Πες κάτι 7. Δώστε 8. Ελα 9. Ελάτε

σελίδα 41

Δ * 1. ..την πορτοκαλάδα σας. 2. .. στον γιο σας πως τηλεφώνησα 3. .. γρήγορα στο σπίτι σας 4. ..τα γυαλιά μου 5. γρήγορα, το λεωφορείο φεύγει 6. .. το φεγγάρι ! 7. ..τα κενά

Ε ετοιμάστηκες - ετοιμάστηκε - ετοιμαστήκαμε - ετοιμαστήκατε - ετοιμάστηκαν
θα ετοιμαστείς - θα ετοιμαστεί - θα ετοιμαστούμε - θα ετοιμαστείτε - θα ετοιμαστούν

σελίδα 42

Ζ 5. ντύθηκα - θα ντυθώ 6. λύθηκα - θα λυθώ 7. κουράστηκα - θα κουραστώ 8. εργάστηκα - θα εργαστώ

Η 1. Θα ετοιμαστεί και θα φύγει 2. Θα σηκωθούν 3. Θα χτενιστεί μόνη της ή θα πάει 4. Θα θυμηθείτε να φέρετε 5. Θα σκεφτούν να τηλεφωνήσουν

Θ να σκεφτείς - να σκεφτεί - να σκεφτούμε - να σκεφτείτε-να σκεφτούν
έχεις σκεφτεί - έχει σκεφτεί - έχουμε σκεφτεί - έχετε σκεφτεί - έχουν σκεφτεί
είχες σκεφτεί - είχε σκεφτεί - είχαμε σκεφτεί - είχατε σκεφτεί - είχαν σκεφτεί

Ι 1. Εχετε δοκιμάσει ποτέ 2. .. δεν έχει φτάσει .. 3. .. έχεις κοιμηθεί 4. Δεν έχουν τηλεφωνήσει ..

σελίδα 43

Κ 1. είχε αρχίσει 2. είχαν φύγει 3. είχαν μελετήσει 4*. είχε πει 5. είχε κοιμηθεί

Λ 1. οι σκέψεις 2. τις προτάσεις 3. των τάξεων 4. οι δεξιώσεις 5. οι προσκλήσεις 6. των απαντήσεων

7. οι καταστάσεις 8. των διαλέξεων

Μ την φτωχιά γυναίκα-της φτωχιάς γυναίκας- οι φτωχες γυναίκες-τις φτωχές γυναίκες-των φτωχών γυναικών
την δυνατή φωνή-της δυνατής φωνής-οι δυνατές φωνές- τις δυνατές φωνές-των δυνατών φωνών
την δύσκολη κατάσταση-της δύσκολης κατάστασης-οι δύσκολες καταστάσεις-τις δύσκολες καταστάσεις-των δύσκολων καταστάσεων

σελίδα 46

Ξ 1 οι ταξιτζήδες 2. οι χασάπηδες 3. οι λεκέδες 4. οι κουραμπιέδες 5. οι λουκουμάδες 6. οι ψαράδες

Ο 1δ., 2α.,3β., 4γ., 5ι., 6θ., 7κ.,8ζ.,9η.

Π Ελληνικά Τώρα σελίδα 183

11, 12

σελίδα 47

Α *Ενεστ.* πληρώνεσαι-πληρώνεται-πληρωνόμαστε-πληρώνεστε*-πληρώνονται
Αόρ. πληρώθηκες-πληρώθηκε-πληρωθήκαμε-πληρωθήκατε-πληρώθηκαν*
Μέλλ. θα πληρωθείς-θα πληρωθεί-θα πληρωθούμε-θα πληρωθείτε-θα πληρωθούν
Ενεστ. θυμάσαι-θυμάται-θυμόμαστε-θυμάστε*-θυμούνται
Αόρ. θυμήθηκες-θυμήθηκε-θυμηθήκαμε-θυμηθήκατε-θυμήθηκαν*
Μέλλ. θα θυμηθείς-θα θυμηθεί-θα θυμηθούμε-θα θυμηθείτε-θα θυμηθούν
Υποτ. να δεις-να δει-να δούμε-να δείτε-να δουν *Παρακ.* έχω δει-έχεις δει-έχει δει-έχουμε δει-έχετε δει-έχουν δει *Υπερσυντ.* είχες δει-είχε δει-είχαμε δει-είχατε δει-είχαν δει

Β 1*. εργάζεται 2. Θα λυπηθώ 3. Κουράστηκα .. να κοιμηθώ 4*. ετοιμάστηκε 5. χάθηκα ... να ρωτήσω
6*. σκέφτηκες 7. θυμήθηκε .. ήρθα 8*. φαντάστηκες

σελίδα 48

Γ II 1. να με βοηθήσετε 2. να μου πείτε 3. να μου στείλετε
III 1. να έρθεις 2. να πηγαίνετε 3. να πεις 4. να αφήσεις 5. να καλέσετε 6. να δώσετε
7. να ρωτήσετε 8. να βρεις 9. να πιεις 10 . να μάθετε 11. να γράψετε

σελίδα 49

Δ (Νά) Μην σηκωθείς 2. (Νά) Μην ετοιμαστείτε 3.(Νά) Μην περιμένεις 4. (Νά) Μην λουστείς

Ε 1. Προσπαθώ να κλείσω 2. Λέμε να μείνουμε 3. Λέω να πάω 4. Εχουν να γράψουν

Ζ* 1. τον αριθμό του τηλεφώνου τους. 2. τις σημειώσεις της ιστορίας. 3. το καινούριο μου παντελόνι.
4. στα βαφτίσια του τρίτου τους παιδιού. 5. εγώ απόψε. 6. την πρόσκληση. 7. έρθεις απόψε;
8. σου τηλεφωνήσει αλλά δεν βρίσκεσαι ποτέ στο σπίτι. 9. με βοηθήσει στα μαθηματικά. 10. ετοιμαστούμε γρήγορα γιατί το πλοίο φεύγει σε δύο ώρες. 11. ψωνίσουν και να μαγειρέψουν για το βράδυ.
12. ..τους δω σήμερα.

σελίδα 50

Η* 1. προχτές 2. Την άλλη εβδομάδα 3. την περασμένη Κυριακή 4. Του χρόνου 5. πέρσι και πρόπερσι
6. σε τρεις μέρες και την άλλη

Θ 1. οι επισκέψεις 2. οι προσκλήσεις 3. οι εγγονές 4. οι επαναλήψεις 5. οι διαλέξεις 6. οι βιταμίνες
7. οι παρενθέσεις 8. οι καταθέσεις 9. οι αναλήψεις 10. οι ξαδέφες 11. οι αναμνήσεις 12. οι γνώμες

Ι 1. βιταμίνες 2. των εξετάσεων 3. οι λύσεις των ασκήσεων 4. η γνώμη 5. ειδήσεις .. ξαδέρφες
6. επαναλήψεις 7. επισκέψεις 8. ανάληψη 9. αναμνήσεις

σελίδα 51

Κ 1. Μιας 2. ενός 3. μιας 4. έναν 5. ένα 6. ενός

Λ *Εν..* την γλυκιά ανάμνηση-της γλυκιάς ανάμνησης *Πληθ.* οι γλυκές αναμνήσεις - τιςγλυκές αναμνήσεις των γλυκών αναμνήσεων || *Εν.*.την ευγενική μαθήτρια - της ευγενικής μαθήτριας *Πληθ.* οι ευγενικές μαθήτριες - τις ευγενικές μαθητριες - των ευγενικών μαθητριών || *Εν.*. μία ρομαντική ιστορία μιας ρομαντικής ιστορίας *Πληθ.* ρομαντικές ιστορίες-ρομαντικές ιστορίες-ρομαντικών ιστοριών

σελίδα 52

Μ 1. νέα-νέο-νέοι-νέες-νέα 2. γλυκιά-γλυκό-γλυκοί-γλυκές-γλυκά 3. ξανθιά/η-ξανθό-ξανθοί-ξανθές-ξανθά 4. σωστή-σωστό-σωστοί-σωστές-σωστά 5. ελληνική-ελληνικό-ελληνικοί-ελληνικές-ελληνικά

Ν **ΙΙ.** 1. πως 2. πώς 3. πώς 4. πως 5. πώς

Ξ 1. που 2. πού 3. πού 4. που 5. πού

σελίδα 53

Ο 1. πεινάς 2. πίνεις 3. πεινάω 4*. Πιες

Π 1. φτιάχνεις- είχες φτιάξει- φτιάξε 2. στρώνεις- έστρωσες- είχες στρώσει 3. μαζεύετε- μαζέψατε- μαζέψτε 4. παρακαλείτε -είχατε παρακαλέσει-παρακαλέστε 5. κεράσατε-είχατε κεράσει-κεράστε 6. κόβετε-κόψατε είχατε κόψει

Ρ 1. πιατάκια 2. νησάκι 3. σπιτάκι 4.Φεγγαράκι 5. κοριτσάκια 6. τραπεζάκι 7. γατάκια

13

σελίδα 54

Α τον ικανό πρόεδρο-του ικανού προέδρου || οι ικανοί πρόεδροι-τους ικανούς προέδρους-των ικανών προέδρων την ικανή πρόεδρο-της ικανής προέδρου || οι ικανές πρόεδροι-τις ικανές προέδρους-των ικανών προέδρων

Β 1. η έξοδος-οι έξοδοι 2. η μέθοδος-οι μέθοδοι 3. την κάθοδο - τις καθόδους 4. την πρόοδο -τις προόδους

Γ 1. μικροβιολόγου 2. οι υπάλληλοι 3. τις εξόδους 4. παραγράφων 5. άνοδο.. Η κάθοδος 6. παιδίατροι 7. αντιπρόσωποι.. τις ψήφους

σελίδα 55

Ε 1. Τους τα τηλεφώνησαν. 2. Θα της τις φέρω .. 3. Μπορείς να του τις δώσεις; 4. Πρέπει να της τα αγοράσεις. 5. Τους το είπες;

Ζ * 1. Ναι, τα έφεραν - Ναι, έφεραν 2. Οχι, δεν την έστειλε - Οχι, δεν έστειλε 3. Ναι, το έχω - Ναι, έχω 4. Οχι, δεν τις αγόρασα - Οχι, δεν αγόρασα

σελίδα 56

Η 1. Θα αγοράσεις τα φάρμακα για τη γιαγιά ; 2. Πότε μας στείλατε τα χρήματα; 3. Θα μου δώσεις τη συνταγή για τον χαλβά; 4. Εφερες τις φωτογραφίες στη Νίκη και στη Βάσω;

Θ 1. Δες τον 2. Ακουσέ την 3. Φα΄τες όλες. 4. Βοηθήστε μας. 5. Ρωτήστε τους 6. Γράψ΄τες 7. Απάντησέ του 8. Αγόρασέ της 9. Γράψ΄του 10. Απαντήστε μας 11. Τηλεφωνήστε τους 12. Στειλ΄τους

σελίδα 57

Ι 1. Φέρτε μού τα 2. Πες τους το 3. ετοιμάστε μάς τες και δώστε μας τες 4. Αγόρασέ της το

Κ 1. Να μην τα δώσεις 2. Μην το ξεχάσεις 3. Μην τα φάτε .. Δεν έχω φτιάξει. 4. Μην κόψετε 5. Δεν πρέπει .. 6. Δεν θέλω να σας πω τίποτα. 7. Μην έρθετε .. Δεν μπορώ να ...

σελίδα 60

Μ 1α., 2β., 3γ., 4α., 5β., 6α., 7γ., 8β., 9α., 10β.

Ν 1. φτιάχνουμε - να φτιάξουμε 2. τρέχουν - να τρέξουν 3. κόβεις - να κόψεις 4. ανακατεύουν - να ανακατέψουν

14

σελίδα 61

Α πήγαινες-πήγαινε-πηγαίναμε-πηγαίνατε-πήγαιναν || έλεγες-έλεγε-λέγαμε-λέγατε-έλεγαν/λέγανε γελούσες-γελούσε-γελούσαμε-γελούσατε-γελούσαν

Γ 1. έλεγε 2. έπαιζαν 3. μελετούσαν 4. ταξίδευε 5. έβρεχε 6. έγραφα 7. μαγείρευε 8. κατέβαινε 9. Εκλαιγα .. μάλωνε 10. πονούσε 11. μέναμε .. πηγαίναμε 12. ταξίδευα .. είχα

σελίδα 62

Δ *. 1. .. μάθαινα ελληνικά. 2. ..έτρωγα πολλές σοκολάτες 3. .. έβρεχε και φυσούσε 4. μιλούσε στο τηλέφωνο 5. .. μελετούσα στη βιβλιοθήκη άκουσα έναν περίεργο θόρυβο. 6. ..εγώ μαγείρευα, ο Βασίλης διάβαζε εφημερίδα . 7. .. έστριβα τη γωνία, είδα ένα αυτοκίνητο να περνά με μεγάλη ταχύτητα.

Ε *Συν. Μέλ.* θα απαντάς-θα απαντάει κ.λπ || θα κοιμάσαι κ.λπ. *Συν. Υποτ.* να βλέπεις κ.λπ. να έρχεσαι κ.λπ

σελίδα 63

Ζ 1. θα της στέλνει 2. θα έρχεται 3. Θα κολυμπάμε .. θα ανεβαίνουμε.. θα βλέπουμε 4. Θα γυρίζεις 5. θα κλείνουν 6. θα με σκέφτεσαι

Η 1. να πλένει 2. να μου τηλεφωνάς 3. να ταξιδεύεις 4. να κολυμπάει.. να κάνει 5. να βρέχει .. να φυσάει 6. να καπνίζετε 7. να προσέχει .. να ξεκουράζεται .. να δουλεύει

Θ * 1. ..να οδηγεί τη νύχτα 2. .. να δουλεύει στο ξενοδοχείο του θείου του 3. .. να έρχεται αργά τα βράδια. 4. .. να καπνίζετε. 5. .. θα πηγαίνω στο γραφείο μου με τα πόδια. 6. ..θα μιλάνε ελληνικά 7. .. θα σας θυμάμαι

σελίδα 66

Κ το ωραίο μέρος-του ωραίου μέρους - τα ωραία μέρη-τα ωραία μέρη - (των ωραίων μερών)
τον καλό γιατρό -του καλού γιατρού - οι καλοί γιατροί-τους καλούς γιατρούς-των καλών γιατρών
τη νέα δικηγόρο-της νέας δικηγόρου - οι νέες δικηγόροι-τις νέες δικηγόρους-των νέων δικηγόρων

Λ 1. τα νέα μέλη 2. οι αρχαίοι ναοί 3. οι χαμηλοί μισθοί 4. οι μεγάλες λεωφόροι 5. οι νέες δημοσιογράφοι 6. τα πλούσια κράτη

Μ 1. είδη 2. δάσος 3. τα κράτη 4. νέφος 5. το τέλος 6. λάθη 7. μέρη 8. πάθος

13, 14

σελίδα 67

Α 1. *Συν. Μελ.*: θα δουλεύω *Συν. Υποτ.*: να δουλεύω *Παράτ.*: δούλευα *Θέμα*: δουλευ
Αόρ.: δούλεψα *Μελ.*: θα δουλέψω *Υποτ.*: να δουλέψω *Προστ.*: δούλεψε-δουλέψτε *Θέμα:* δουλεψ
2. *Συν. Μελ.*: θα φέρνω *Συν. Υποτ.*: να φέρνω *Παράτ.*: έφερνα *Θέμα:* φερν
Αόρ.: έφερα *Μελ.*: θα φέρω *Υποτ.*: να φέρω *Προστ.*: φέρε - φέρτε *Θέμα* : φερ
3. *Συν. Μελ.*: θα ρωτάω *Συν. Υποτ.*: να ρωτάω *Παράτ.*: ρωτούσα *Θέμα* : ρωτ
Αόρ.: ρώτησα *Μελ.*: θα ρωτήσω *Υποτ.*: να ρωτήσω *Προστ.*: ρώτησε -ρωτήστε *Θέμα* : ρωτησ
4. *Συν. Μελ.*: θα ακούω *Συν. Υποτ.*: να ακούω *Παράτ.* : άκουγα *Θέμα* : ακουγ
Αόρ.: άκουσα *Μελ.*: θα ακούσω *Υποτ.*: να ακούσω *Προστ.*: άκουσε - ακούστε *Θέμα* : ακουσ

σελίδα 68

Β 1. έβλεπε .. έδινε 2. κάναμε .. φιλοξενούσε 3. μαγείρευα 4. έγραφα .. τραγουδούσε 5. πήγαινα .. νιαούριζε .. κρύωνε.. πεινούσε 6. μιλούσα .. κοιτούσε ..χαμογελούσε

Γ 1. α. μελετούσαν β. μελέτησαν 2. α. τηλεφώνησες β. τηλεφωνούσες 3*. α. Έβλεπα β. Είδα 4*. α. έστειλα β. έστελνα

Δ 1. α. θα μελετήσουν β. θα μελετούν/ θα μελετάνε 2. α. θα τηλεφωνήσουμε β. θα τηλεφωνούμε 3. α. θα έρχεται β. θα έρθει 4. α. Θα κοιμηθώ β. Θα κοιμάμαι

σελίδα 69

Ε 1. α. να μελετήσουν β. να μελετούν 2. α. να έρθεις β. να έρχεσαι 3. α. να γυρίσεις β. να γυρίζεις 4. α. να πλύνεις β. να πλένεις

Ζ 1. Της άρεσε να ακούει.. 2. Δεν του άρεσε να τον ξυπνάνε .. 3. Επρεπε να της το πω .. 4. Επρεπε να φύγουμε

σελίδα 70

Η 1. μια εβδομάδα - τρεις εβδομάδες -τέσσερις εβδομάδες 2. ένα γράμμα -τρία γράμματα - τέσσερα γράμματα 3. ένα(ν) φίλο - τρεις φίλους - τέσσερις φίλους 4. ένα βιβλίο - τρία βιβλία - τέσσερα βιβλία 5. μία λέξη τρεις λέξεις - τέσσερις λέξεις 6. ένα λάθος - τρία λάθη - τέσσερα λάθη

Ι 1. τις κλειστές εισόδους 2. οι μαλακές μπριζόλες 3. οι νόστιμοι μεζέδες 4. των έξυπνων ερωτήσεων 5. τα μεγάλα έθνη 6. των νέων διευθυντών 7. οι καλοί μπαμπάδες 8. τα μικρά διαμερίσματα

σελίδα 71

Κ 1. παραγράφους 2. οι λεωφόροι .. την παρέλαση 3. λάθη .. εκθέσεις 4. τους παππούδες .. τις γιαγιάδες .. τις πάπιες 5. μετάφραση .. των λέξεων 6. μέρη 7. Το άγχος .. της ζωής .. του ψυχίατρου 8. λεκέδες

Λ 1. Πες τους κάτι/ Μην τους πεις τίποτα 2. Τηλεφωνήστε τούς το / Μην τους το τηλεφωνήσετε 3. Ασ' τες εδώ / Μην τις αφήσεις .. 4. Απάντησέ του .. / Μην του απαντήσεις .. 5. Ρίξτε τα .. / Μην τα ρίξετε

15

σελίδα 72

Α * χρειαζόσουν-χρειαζόταν-χρειαζόμασταν-χρειαζόσασταν-χρειάζονταν
θυμόσουν-θυμόταν-θυμόμαστε-θυμόσαστε- θυμόνταν

Β * 1. Κοιμόμαστε στις 9:00 2. Ναι, ενδιαφερόταν πολύ. 3. Αισθανόταν λίγο καλύτερα. 4. Βιαζόμασταν να πάμε στο μάθημα. 5. Ναι, ντρεπόμουν λίγο. 6. Χρειαζόμουν 200. 000 δρχ.

Γ * 1. .. βρισκόμουν στον οδοντογιατρό. 2. ..σκεφτόμουν αυτά που μου είπες. 3. .. ερχόμουν από την εκκλησία 4. .. δεν αισθανόταν καλά. 5. κοιμόμουν πολύ νωρίς το βράδυ. 6. .. χρειαζόταν καφέ και ζάχαρη. 7. .. ενδιαφερόταν για την μόδα.

σελίδα 73

Δ ευχαριστιέσαι-ευχαριστιέται-ευχαριστιόμαστε-ευχαριστιέστε-ευχαριστιούνται
ευχαριστιόσουν-ευχαριστιόταν-ευχαριστιόμαστε-ευχαριστιόσαστε-ευχαριστιόνταν
ευχαριστήθηκες-ευχαριστήθηκε-ευχαριστηθήκαμε-ευχαριστηθήκατε-ευχαριστήθηκαν

Ε 1*. θα στενοχωρηθεί 2*. θα συναντηθούμε 3. να παραπονιέται .. ευχαριστιόταν 4. θα βαρεθείς 5. Θα ευχαριστηθείτε 6. γεννήθηκες 7. ευχαριστήθηκε 8. συναντιόμασταν .. παίζαμε

Ζ 1. τους δικούς σου .. τους δικούς μου 2. τα δικά μου 3. δικές σου 4. τη δικιά/η μου 5.* οι δικοί της

σελίδα 74

Η 1. .. θα του δώσω τα χρήματα 2. .. θα πάνε στο θέατρο απόψε. 3. .. θα φύγω νωρίς. 4. Αν δεν αργήσετε .. 5. Αν το ξεχάσεις εσύ .. 6. Αν φύγεις την Πέμπτη ..

Θ 1. Αν δεν μου γράψεις, δεν θα σου γράψω 2. Αν δεν πάει στο γιατρό, δεν θα γίνει καλά. 3. Αν δεν είμαι κουρασμένος, θα έρθω. 4. Αν δεν αργήσεις, θα τους βρεις στο σπίτι.

Ι 1. μαγείρευα - θα μαγείρευα 2. πήγαινα - θα πήγαινα 3. έτρωγα - θα έτρωγα 4. ήξερα - θα ήξερα 5. μιλούσα - θα μιλούσα 6. ανησυχούσα - θα ανησυχούσα 7. σηκωνόμουν - θα σηκωνόμουν 8. στενοχωριόμουν - θα στενοχωριόμουν 9. ήμουν - θα ήμουν

σελίδα 75

Κ * 1. Οχι, δεν θα έτρωγα. 2. Οχι, δεν θα πήγαινα ποτέ. 3. Δεν θα ερχόμουν ποτέ. 4. Οχι, δεν θα δεχόμουν. 5. Ναι , θα πήγαινα .

Λ 1. Θα ήθελα 2. Θα μπορούσατε 3. Θα ήθελα 4. Θα μπορούσατε 5. Θα ήθελα 6. Θα μπορούσατε 7. Θα μπορούσατε

Μ * 1. .. θα έκανα τον γύρο του κόσμου 2. .. θα της έστελνε μία κάρτα. 3. θα ήταν πολύ ευτυχισμένη. 4. .. θα μπορούσα να κοιμηθώ μέχρι το μεσημέρι. 5. Αν πηγαίναν μαζί τους .. 6. Αν βαριόμασταν ..

7. Αν δούλευα και την Κυριακή .. 8. Αν χρειαζόσουν χρήματα.. 9. Αν πεινούσα ..

σελίδα 77

Ξ *Βλέπε Ελληνικά Τώρα 1+1, σελίδα 218*

σελίδα 78

Ο τον ζηλιάρη σύζυγο- του ζηλιάρη συζύγου - οι ζηλιάρηδες σύζυγοι - τους ζηλιάρηδες συζύγους των ζηλιάρηδων συζύγων || την δικιά/ή μου φωτογραφία - της δικιά/ής μου φωτογραφίας οι δικές μου φωτογραφίες - τις δικές μου φωτογραφίες - των δικών μου φωτογραφιών

Π 1. της εταιρείας .. χαμηλοί 2. τουρίστες... Ελλάδα .. μέρη 3. κατάσταση .. ο γιατρός .. πολύ .. πολλή 4. παραστάσεις .. εισιτήρια ... άλλη 5. το χρώμα .. της φούστας 6. γιό .. τεμπέληδες .. ανεύθυνοι 7. ξεναγό .. είσοδο .. αρχαιολογικού 8. πολλή .. νέα μέλη 9. κουνούπια .. χώμα .. πεύκο 10. αίματα

16

σελίδα 80

Β **I.** 1.Αν ήθελε κι άλλο παγωτό, θα μου το έλεγε. 2. Αν δεν μπορούσε να κατεβεί αυτή, θα ανέβαινα εγώ.. 3. Αν θυμόμουν τα λόγια του τραγουδιού, θα σας το τραγουδούσα. 4. Αν το ήξερε, θα το έγραφε. 5. Αν τρώγαμε πολύ, δεν θα μπορούσαμε να γυμναστούμε. 6. Θα ευχαριστιόταν πολύ αν ερχόσουν. 7. Θα κουραζόσασταν πολύ αν ταξιδεύατε ..

II. 1. Αν με ρωτήσουν, θα τους απαντήσω. 2. Αν κουραστώ, θα σταματήσω .. 3. Αν βρω .., θα τους τηλεφωνήσω. 4. Αν γεννηθεί .. , θα το βαφτίσουν..

σελίδα 81

Γ 1. βλέπε - βλέπετε / μην βλέπεις - μην βλέπετε 2. τρώγε - τρώγετε / μην τρως - μην τρώτε 3. ρώτα - ρωτάτε / μην ρωτάς - μην ρωτάτε 4. σταμάτα - σταματάτε / μην σταματάς - μην σταματάτε 5. πήγαινε - πηγαίνετε / μην πήγαινεις - μην πηγαίνετε 6. παίρνε - παίρνετε / μην παίρνεις - μην παίρνετε 7. πέρνα περνάτε / μην περνάς - μην περνάτε

Δ 1. Τρώτε 2. κλείνετε .. κλειδώνετε 3. τηλεφώνα 4. λέγετε 5. Ακου 6. Πρόσεχε 7. Κοίτα

Ε 1. Μην γκρινιάζεις 2. μην μιλάτε 3. Μην πίνεις 4. Μην πιστεύεις .. μην αλλάζεις 5. μην βγαίνετε 6. μην τηλεφωνάτε

σελίδα 84

Η 1*. α. Ανοιγε-β. Ανοιξε 2. α. κλείδωσε- β. κλείδωνε 3. α. Πότισε-β. Πότιζε 4. Βοηθάτε- Βοηθήστε

Θ 1. αλλάζοντας 2. ταξιδεύοντας 3. κλειδώνοντας 4. τρώγοντας 5. περνώντας 6. προτιμώντας 7. μπορώντας 8. ανησυχώντας

Ι 1. ταξιδεύοντας 2. μαθαίνοντας 3. Ρωτώντας 4. πίνοντας...τρώγοντας.. λέγοντας 5. Τρώγοντας 6. φορώντας 7. κολυμπώντας και παίζοντας

σελίδα 85

Κ 1. .. περιμένοντάς την 2. .. φέρνοντάς τες 3. .. μιλώντας της .. 4. .. δίνοντάς του το 5. .. βρίσκοντάς τον

Λ 1. θα παίζω - να παίζω - παίζε/παίζετε - έπαιζα - θα έπαιζα - παίζοντας - παιζ ||
θα παίξω - να παίξω - παίξε/παίξτε - έχω παίξει - είχα παίξει - παιξ
2. θα θυμάμαι - να θυμάμαι - θυμόμουν - θα θυμόμουν - θυμ ||
θα θυμηθώ - να θυμηθώ - έχω θυμηθεί - είχα θυμηθεί - θυμηθ

σελίδα 86

Μ 1. τους παλιούς χάρτες 2. οι ευγενικοί ταξιτζήδες 3. τους δικούς μας ανθρώπους 4. τα ωραία μέρη 5. οι καλοί παππούδες 6. τα τεμπέλικα σκυλιά 7. τις ξανθές κοπέλες 8. των δύσκολων ερωτήσεων

9. των ακριβών διαμερισμάτων 10. των ελληνίδων ξεναγών 11. οι βαρετές ομιλίες

Ν *Βλέπε Ελληνικά Τώρα σελίδα 226*

15, 16

σελίδα, 87

Α 1. μπαίνουμε - μπαίναμε - είχαμε μπει 2. πρόσεχαν - πρόσεξαν - είχαν προσέξει 3. βρίσκετε - βρίσκατε - βρήκατε 4. παραπονιέται - παραπονιόταν - είχε παραπονεθεί 5. γίνεσαι - έγινες -είχες γίνει 6. καθόταν - κάθισε - είχε καθίσει 7. αποφασίζουν - αποφάσιζαν - αποφάσισαν 8. μαθαίνουμε - μάθαμε - είχαμε μάθει 9. διαλέγω - διάλεγα- είχα διαλέξει 10. ανέβαινε - ανέβηκε - είχε ανεβεί 11. χρειάζεται - χρειαζόταν χρειάστηκε 12. κλειδώνουν - κλείδωσαν - είχαν κλειδώσει

Β 1. διάλεξα 2. άλλαξα 3. κοίταξα 4. φώναξα 5. έπαιξα 6. πρόσεξα 7. έτρεξα 8. έδειξα 9. έφτιαξα 10. έριξα 11. έβρεξε

Γ 1. Δείξε 2. να φτιάξει 3. Φώναξαν 4. να .. αλλάξετε 5. να προσέξεις 6. Εβρεξε 7. να διαλέξω

σελίδα 88

Δ 1.* Διαλέξτε 2. Συμπληρώστε 3. Βρείτε 4. Απαντήστε 5. Γράψτε 6. Τελειώστε 7. Αλλάξτε 8. Βάλτε

Ε 1. *Εν.* χαίρονται *Συν. Μελ.* θα γυμνάζεσαι *Συν. Υποτ.* να ξυπνάς *Συν. Προστ.* ρώτα *Παρατ.* συναντιόταν *Δυν.* θα φορούσες *Μετ.* τρέχοντας

Αορ. έγινε *Μελ.* θα σκεφτώ *Υποτ.* να φανταστείτε *Προστ.* συμπληρώστε*Παρ.* έχει βγει

σελίδα 89

Ζ 1. την αγορά 2. τους φίλους μου 3. στον καθηγητή του/ με τον καθηγητή του 4. στη θεία μου 5. την Κύπρο 6. σένα 7 τη Ρόδο 8. το δωμάτιό μου 9. στο σπίτι 10. στο πλοίο 11. τη σκάλα 11. στον πατέρα του / με τον πατέρα του 12. αεροπλάνο

Η 1. σφουγγαρίστε ..συγυρίστε 2. Ξεσκονίστε .. ανοίξτε 3. Καθαρίστε 4. Μαζέψτε .. σιδερώστε 5. Ποτίστε .. βγάλτε

Θ 1. κουράζομαι 2. βγαίνω 3. κατεβαίνω 4. βρίσκω 5. ζεσταίνομαι 6. θυμάμαι 7. απαντάω 8. ξυπνάω 9. φεύγω

σελίδα 90

Ι 1β., 2α. 3β., 4γ., 5α., 6γ., 7γ., 8β., 9β., 10β., 11α., 12β., 13α., 14β.,

σελίδα 91

15α., 16β., 17β., 18β., 19β., 20α., 21α., 22α., 23α., 24α., 25β., 26α., 27β., 28α., 29α.,

σελίδα 92

30β., 31α., 32β., 33α., 34β., 35α., 36α., 37α., 38β., 39β., 40β., 41β., 42α., 43α., 44β.

Λεξιλόγιο

Αα

άγαλμα, το statue
άγνωστος-η-η unknown, stranger
αίμα, το blood
άκρη, η edge, tip, end
αλλεργία, η allergy
αμυγδαλιά, η almond tree
ανάληψη, η withdrawal
ανάμνηση, η memory
αναπτήρας, ο lighter
ανεμώνα, η anemone
αρχαίος-α-ο ancient
αυλή, η yard

Ββ

βαρετός-η-ο boring
βαφτίσια, τα christening, baptism
βάφω to paint to dye (hair)
βάψιμο, το painting - **μαλλιών** hairdye
Βίβλος, η Bible, the
βούρτσα, η brush
βουτιά, η a dive
βραχιόλι, το bracelet
βυζαντινός-η-ο byzantine

Γγ

γαυγίζω to bark
γερνάω to grow old
γνώμη, η opinion
γνώση, η knowledge
γυναικολόγος, ο/η gynaecologist

Δδ

δεσποινίς, η young lady, Miss
δεξίωση, η (πλ. -εις) reception
δημοσιογράφος, ο/η journalist
διαλέγω choose
διπλανός-η-ο nearby, neighouring
δυσκολία, η difficulty

Εε

είδηση, η (πλ. -εις) piece of news
έκθεση, η (πλ. -εις) composition, exhibition
ενώ while, as
εξαρτάται it depends
επίσης also, too
έτος, το (πλ. -τη) year
Ευρωπαϊκή Ένωση, η European Union
ευγενικά politely
εύχομαι to wish

Ηη

ηλιοβασίλεμα, το sunset
ηλιοθεραπεία, η sunbathing
ήλιος, ο sun
ησυχία, η quiet (noun)

Ιι

ικανός, -η-ο capable

Κκ

καθρέφτης, ο mirror
καλοριφέρ, το radiator
καναρίνι, το canary
κανόνας, ο rule
καπέλο, το hat
καρδιολόγος, ο/η heart specialist, cardiologist
κάστρο, το castle
κατάθεση, η deposit
κελαϊδάω / κελαηδάω to twitter
κενά, τα blanks
κλειδώνω to lock
κόκορας, ο rooster
κομμωτήριο, το hair dresser's
κουβεντιάζω to chat
κούκλα, η doll
κόψιμο, το (μαλλιών) haircut

Λλ

λαχανικά, τα vegetable
λαχείο, το lottery
λούσιμο, το hairwash
λύνω to solve, to untie
λύση, η (πλ. -εις) solution

Μμ

μαγειρίτσα, η Easter soup
μαλώνω to quarrel, to scold
μαργαρίτα, η daisy
μεταξωτός-η-ο silk
μηδέν , το zero
μηχανάκι, το motorbike
μικροβιολόγος, ο/η bacteriologist
μουστάκι, το moustache

μπάλα, η ball
μωρό, το baby

Νν

ναός, ο temple
νευρικός-η-ο nervous
νιαουρίζω to miaow
νυχτερινός-η-ο nocturnal

Ξξ

ξαπλώνω to lie down
ξεκουράζομαι to rest
ξυπνητήρι, το alarm-clock

Οο

ολόκληρος -η-ο, whole
ομιλία, η speech
οπωσδήποτε definitely, by all means
όροφος, ο floor, storey

Ππ

παγάκι, το ice cube
παθολόγος ο/η general practicioner
παληκάρι, το strong young man
πάπια, η duck
παρακολουθώ to follow, to attend
παραμύθι, το tale
παρέλαση, η parade
παρένθεση, η parenthesis
πατρίδα, η homeland
πίεση, η pressure
πόρτα, η door
ποτίζω to irrigate, to water
πρόσκληση, η invitation

Ρρ

ρήμα, το verb

Σσ

σάλτσα, η sauce
σεισμός, ο earthquake
σκηνοθέτης, ο director (cinema-theater)
σκορπίζω to scatter
σκουπίδια, τα rubbish, garbage
σοφός-η-ο wise
σπανακόπιτα, η spinach-pie
σπουδαστής, ο student
σπουδές, οι studies
συκώτι, το liver
στενός, -η-ο narrow
σύλλογος, ο club, association
συνεδρίαση, η meeting
συνθέτης, ο composer
συστημένος-η-ο registered (letter)

Ττ

ταράτσα, η roof
ταυτότητα, η identity card
ταχυδρόμος, ο mailman, postman
τέλειος-α-ο perfect
τετράδιο, το note-book
τηλεφώνημα, το telephone call
τζάκι, το fireplace
τουλάχιστον at least
τραγουδιστής, ο singer
τσιμπάω sting

Υυ

υδραυλικός, ο plumber
υπομονή, η patience

Φφ

φέγγω to glow
φιλοξενώ to give hospitality
φοιτητικό εισιτήριο, το student ticket
φόρος, ο tax
φυστίκια, τα peanuts
φυτό, το plant
φωτογραφική μηχανή, η camera

Χχ

χαμηλός-η-ο low
χειμερινός, ο winter (adj.)
χορτοφάγος, ο/η vegetarian
χτένισμα, το hairstyle
χώμα, το earth, ground
χώρος, ο space, room **αρχαιολογικός** archaelogical site

Ψψ

ψαλίδι, το scissors
ψαράς, ο (πλ. -άδες) fisherman
ψιλά, τα small change, coins